알튀세르와 정신분석

Althusser et la psychanalyse

by Pascale Gillot

Copyright © PUF/Humensis, 2009

All rights reserved.

Korean Translation Copyright © Greenbee Publishing Co., 2019

This Korean Edition is published by arrangement with PUF/Humensis, France through Milkwood Agency, Korea.

프리즘 총서 31

알튀세르와 정신분석

발행일 초판1쇄 2019년 3월 15일 | **지은이** 파스칼 질로 | **옮긴이** 정지은
펴낸이 유재건 | **펴낸곳** (주)그린비출판사 | **신고번호** 제2017-000094호
주소 서울시 마포구 와우산로 180, 4층 | **전화** 02-702-2717 | **이메일** editor@greenbee.co.kr

ISBN 978-89-7682-474-5 93160

이 도서의 국립중앙도서관 출판예정도서목록(CIP)은 서지정보유통지원시스템 홈페이지(http://seoji.nl.go.kr)와
국가자료공동목록시스템(http://www.nl.go.kr/kolisnet)에서 이용하실 수 있습니다.(CIP제어번호: CIP2019006890)

철학이 있는 삶 **그린비출판사** www.greenbee.co.kr

알튀세르와 정신분석

파스칼 질로 지음 | 정지은 옮김

프리즘총서 031

그린비

서론

1963년에서 64년 사이에, 울름 거리에 있는 고등사범학교에서는 철학자 루이 알튀세르의 지도 아래 라캉과 정신분석에 할애된 세미나가 진행되고 있었는데, 이 세미나가 목표로 하고 있었던 것은 "정신분석의 영역과 마찬가지로 인문과학 일반의 영역에서 유효한 연구의 이론적 가능성의 조건들을 정의하는 것"[1]이었다. 이 세미나의 뒤

---

1 이 세미나 안에서 루이 알튀세르가 행한 두 발표문은 올리비에 코르페(Olivier Corpet)와 프랑수아 마트롱(François Matheron)에 의해 『정신분석과 인간 과학들, 두 개의 강연들(1963-1964)』(*Psychanalyse et sciences humaines. Deux conférences 1963-1964*, Paris: Le Livre de poche, 1996)이라는 제목으로 출판되었다. 이 세미나의 다른 참여자들은 미셸 토르, 에티엔 발리바르, 자크-알랭 밀러, 이브 뒤루, 장 모스코니이다(이와 관련해서는 *Ibid.*, p. 14를 참조). 여기의 인용문은 알튀세르의 첫 번째 강연록에서 뽑아왔다(*Ibid.*, p. 20).

를 청년 맑스에 대한 세미나(1961~1962)와 구조주의의 기원들에 대한 세미나(1962~1963)가 이었고, 그 앞에는 『자본론』에 관한 세미나(1964~1965)가 있었다. 따라서 정신분석에 할애된 저 작업은 1960년대의 맥락 속에서, 헤겔적 관념론과 포이어바흐의 철학적 인간주의의 유물들로 여전히 낙인이 찍혀 있던 맑시즘의 과학성을 드러내기 위해서, 알튀세르와 그의 제자들이 인도한 프로그램 가운데 필수적인 어떤 우회로처럼 나타날 수 있다. 그로부터 세미나의 한정된 무대 위에서 전통적인 두 이론인 맑시즘과 정신분석 간의, 그리고 1960년대의 프랑스에서 지적인 삶을 살았던 두 인물 —— 루이 알튀세르(1918~1990)와 자크 라캉(1901~1981) —— 간의 대결이 암시된다.[2]

루이 알튀세르는 1965년의 『마르크스를 위하여』의 출간과, 에티엔 발리바르, 로제 에스타블레, 피에르 마슈레, 자크 랑시에르와 공동 작업한 『자본론을 읽는다』의 출간과 함께, 해석학적이고 실존주의적인 전통 및 "의식 철학들"에 반대하는 사유의 흐름, 즉 관습적으로 "구

---

2 알튀세르와 라캉의 역사적 만남 및 1960년대 초, 라캉의 사상과 루이 알튀세르의 주위에 만들어진 지적 서클 간의 이론적 만남에 관해서는 다음을 참고할 것. E. Roudinesco, *La bataille de cent ans, Histoire de la psychanalyse en France*, II, Paris: Le Seuil, 1986, partie III, chap. I, pp. 384~414[『백 년의 전투, 프랑스에서의 정신분석의 역사』]. 또한 E. Roudinesco, *Jacques Lacan, Esquisse d'une vie, histoire d'un système de pensée*, Paris: Fayard, 1993, partie VII, chap. I, pp. 383~402[『자크 라캉: 라캉의 시대, 라캉과 정신분석의 재탄생』, 양녕자 옮김, 새물결, 2010].

조주의"라는 총칭적 용어로 지시되는 사유의 흐름이 부각되는 지성적 맥락 속에서 결정적인 역할을 맡고 있었다. 그는 이론적 반-인간주의의 프리즘을 통해서 맑시즘의 재활성화를 개시할 뿐만 아니라, 더욱 광범위하게는 철학의 장 안에서 정신분석에 대한 관심이 다시 살아나게 하는 데 기여하는바, 프로이트가 공들여 만든 무의식 가설을 지도적 가설로 삼는 정신분석의 이론은 심리적 인간homo psychologicus의 신화와 단절한다고 간주된다.

이러한 관점은 무의식의 발견의 급진성 내지는 무의식의 발견의 혁명적인 이론적 목적들을 복원하려는 경향이 있으며, 이러한 조망 속에서 자크 라캉의 작업에 대한 알튀세르의 독해 —— 라캉의 철학적 인정을 위한, 그리고 휴머니즘, 심리주의, 주관주의에 대한 당시의 결정적인 비판과의 공명 속에서 라캉을 1960년대의 "프랑스 사상"의 무대로 들어서게 하기 위한 중요한 독해 —— 가 특히 의미를 얻는다. 사실상 알튀세르는 정신분석의 서클 바깥에서 라캉의 업적이 수용되게 하는 데 있어서 확실한 역할을 한다. 왜냐하면 1960년대의 문턱에서, 장 이폴리트나 모리스 메를로-퐁티와 같은 몇몇 철학자들만이 드물게 그런 라캉의 저작을 제대로 인식하고 있었기 때문이다.

1963~64년의 세미나와 나란하게, 알튀세르는 아주 일찍부터 자신의 여러 텍스트들에서 라캉의 작업에 대해 공개적으로 경의를 보냈는데, 그 가운데 하나가 그 유명한 「프로이트와 라캉」이라는 논문이며,

이것은 편집상의 여러 우여곡절 끝에 1964년 12월~1965년 1월호의 『신비평』*La Nouvelle Critique*에 실린다. 라캉의 주요 장점들 가운데 하나는, 프로이트에 의해 세워진 "새로운 과학"이자 "새로운 대상 — 무의식 — 의 과학"[3]인 정신분석의 과학성을 확증했다는 데 있다. 또한 알튀세르의 개입 덕분에 고등사범학교는 1964년 1월부터 라캉의 세미나를 맞이했는데, 이때는 라캉이 국제정신분석협회IPA, International Psychoanalytical Association의 명령으로 프랑스 정신분석단체SFP, Société Française de Psychanalyse에 의해 교육법 전문가의 지위를 빼앗기고 생트-안느 병원을 떠나지 않을 수 없게 된 후였다. 알튀세르와 라캉의 첫만남은 그보다 몇 주 전인 1963년 12월 3일에, 알튀세르의 이탈리아어 번역가이자 친구였던 프랑카 마도니아와 주고받은 서신을 믿는다면, 라캉의 요구에 의해 이루어졌다.[4] 게다가 자크-알랭 밀러를 비롯한 알튀세르의 몇몇 제자들은 합의에 의해서만이 아니라 자크-알랭 밀러의 자극을 받아 라캉의 제자가 되었고, "알튀세르식 라캉주의"라고 이름붙여질 수 있었던 어떤 것이 전개되기까지 했다. "알튀세르식 라캉주

---

3 L. Althusser, "Freud et Lacan"[*La Nouvelle Critique*, no. 161~162, décembre-janvier 1964~1965], *Position*, Paris: Éd. Sociales, 1976, p. 15[「프로이트와 라캉」, 『입장들』에 재수록].

4 프랑카 마도니아에게 보낸 루이 알튀세르의 1963년 12월 3일자 편지, *Lettres à Franca (1961~1973)*, Paris: Stock/IMEC, 1998, p. 492[『프랑카에게 보내는 편지들』].

의"는 1966년 1월과 2월부터, 고등사범학교의 인식론 연구모임이 발간하는 『분석을 위한 노트들』*Cahiers pour l'analyse* 속에서 특히 읽을거리를 제공한다. 알튀세르의 다른 제자들과 친구들은 울름 거리의 라캉세미나에 참석한다. 그러는 동안 알튀세르 자신은 라캉의 세미나에 나타나지 않으려고 조심했으며, 강연들의 속기 텍스트들을 읽고 주석을 단다. 적어도 1964년의 세미나와 관련된 내용에 대해서는 그랬다.[5]

하지만 제도적이고 아카데미적인 일을 넘어서, 그리고 자전적 인

---

5 프랑카 마도니아와의 서신은 저 기간 동안, 즉 「프로이트와 라캉」(Freud et Lacan)의 집필 기간이기도 했던 기간 동안 알튀세르와 라캉의 관계에 관한 정보의 소중한 제공처로 나타난다. 예를 들어 1964년 1월 31일의 편지에는 이렇게 적혀 있다. "나는 라캉이 알려지기 시작하도록, 그에 관한 아주 짧은 논문을 쓰는 중이라오. 그와의 일들은 매우 잘 진행되고 있소. 그는 내가 그에게 말했던 것의 일부를 소화해서, 고등사범학교에서 280명 앞에서 세미나를 했소(이 가운데 20여 명의 고등사범학교 학생들이 있었고 이들은 그에게 질문들을 던지면서, 그의 세미나를 추적하고 인도했소). 나는 세미나에 가지는 않았다오. 그러는 편이 여러 가지로 나았어. 무대 뒤에 남은 것이지"(*Lettres à Franca*, p. 517). 1964년 2월 28일의 편지에 알튀세르는 이렇게 쓴다. "지금 나는 라캉을 풀어내려고 끔찍하게 고생하고 있소. 내가 그 역사적 은신처로부터 꺼내고자 하는 저 몇 몇 사유들 말이오. 나는 혼자이고, 나는 그 사유들에게 동의하오. 나는 내가 질문하는 현실로부터 나에게로 오는 어떤 것을 바로 거기서 붙잡는다는 것을 알고 있소. 내가 현실에게 던지는 질문을 내게 제시했던 것은 바로 그 현실이지. [……]"(*ibid.*, p. 527). 1964년 10월 25일의 편지에는 이렇게 적혀 있다. "에피네(Epinay) 집에 있는 동안 라캉이 여기서 했던 강연들을 타자로 친 텍스트들을 읽었소. 모든 것을 이해하지 못했소, 아니 이해하려면 한참 멀었지. 하지만 때때로 어떤 것이 [이해되오]……. 연필을 손에 쥐고 읽으면서, 메모하고, 메모하고, 또 메모하고 있소. [……]"(*ibid*, p. 566).

생 역정이나 여러 해 동안 지속된 르네 디아트킨[6]과의 정신분석 치료 말고도, 알튀세르와 정신분석의 만남, 즉 라캉이 부각시킨 정신분석의 독특성에 대한 알튀세르의 관심은 무엇보다도 이론적인 차원의 것이 었다. 지금 이 연구의 초점을 구성하는 것은 바로 그러한 이론적 차원 이며, 정신분석에 대한 루이 알튀세르의 자전적이고 개인적인 관계의 측면이 아니다.

"맑스로의 회귀"라는 전반적인 프로그램의 틀 자체 안에서, 알튀 세르의 사유는 정신분석에 의해 양분을 얻은 것으로 나타나며, 구성 적으로는 프로이트와 라캉의 프로이트 독해라는 이중적 참조로 특 징지어진다. 프로이트는 스피노자, 맑스, 니체와 나란히, 알튀세르가 "그 이름을 숭배하는" 저 "드문 몇 명의 인물들" 가운데 셈해지지 않 았던가? 그들은 "그들 내부에서 여전히 영원히 불타고 있는 그런 실 재와의 직접적 접촉을 경험하기 위해서, […] 실재를 덮고 있는 거 대한 층, 비석을 들어 올릴"[7] 수 있었던 인물들이었다. 알튀세르는 정

---

6 이러한 자전적 차원과 관련해서는 다음을 참고할 것. L. Althusser, *L'avenir dure longtemps*, Paris: Stock/IMEC, 1992, chap. XI et XII, pp. 107~151[『미래는 오래 지속 된다』, 권은미 옮김, 이매진, 2008]. 또한 알튀세르가 그의 담당 정신분석가인 르네 디아 트킨에게 보내는 편지들인 L. Althusser, "Lettres à D", *Écrits sur la psychanalyse*, Paris: Stock/IMEC, 1993, pp. 55~110.

7 1964년 2월 15일자 편지, *Lettres à Franca*, p. 524.

신분석에 빚진 내용들을 모르게 하지 않았는데, 왜냐하면 그는 **중층결정**surdétermination이나 **구조적 인과성**causalité structurale과 같은 자신의 몇몇 기본 개념들을 정신분석에게서 빌렸음을 분명하게 내보이기 때문이다. 문제가 되는 개념들은 맑시즘과 역사적 유물론의 재독해, 그것들의 과학성을 이론적 독창성으로서 복구하는 재독해, 특히 『마르크스를 위하여』와 『자본론을 읽는다』 안에 도입된 재독해의 계획에서 중요한 역할을 담당한다. 알튀세르의 계획은 맑시즘에서 여전히 부족한 이데올로기 이론을 구성하고, 과거의 기계론적 반영 개념을 상부구조의 상대적 자율성이라는 테제로 대체하는 것이었으며, 그런 그의 계획은 더욱 근본적이고 더욱 체계적인 방식으로 프로이트적 원천을 분명하게 주장한다. 영원성과 무역사성이라는 특징적 테제, 달리 말해서 필연성과 이데올로기라는 특징적 테제는 1970년의 「이데올로기와 이데올로기적 국가장치」라는 제목의 텍스트 안에 정식화되어 나타났던 것처럼 무의식의 영원성이라는 프로이트의 이론에 대한 참조에 기대고 있다. 그리하여 알튀세르의 프로그램은 다음과 같이 서술될 수 있다. "프로이트가 **무의식**(*l'inconscient*) 일반의 이론을 제시했던 의미에서, 이데올로기(*l'idéologie*) 이론을 제안할 것."[8]

---

8 L. Althusser, "Idéologie et appareils idéologiques d'État", *La Pensée*, no. 151, juin 1970. *Positions*, Paris: Éd. Sociales, 1976, p. 101[「이데올로기와 이데올로기적 국가장

그처럼 맑스로의 회귀는 그 자체 프로이트로의 회귀를 함축하는 것으로, 더 특별하게는 프로이트의 저작 안에서의 무의식에 대한 본래적 가설로의 회귀를 함축하는 것으로 나타난다. 라캉은 1950년대부터 이미 원리상 심리학으로의 환원이 불가능한 프로이트의 무의식 가설의 독특한 특징을 강조했었다.

실제로, 라캉의 연구는 "정신분석의 근본개념들"을 그 전적인 본래성 안에서 해명하는 것을 목표로 하는 바, 그러한 라캉의 연구에 대한 참조가 알튀세르의 저작 안에 배치되어 있다.[9] 우리는 『마르크스를

치」, 『입장들』]에서 재인용. 이 텍스트는 앞으로 *I et AIE*로 약호 표기함.

9 라캉의 저작에 대해 알튀세르가 행한 정확한 독해가 어떠했는지를 결정하기란 쉽지 않다. 어쨌든 우리는 흥미로운 "연구의 참고문헌 노트들"을 유용하게 참고할 수 있는데, 이것은 논문 「프로이트와 라캉」(*Position*, p. 34)의 끝에 실려 있으며, 1966년의 『에크리』(*Écrit*, Paris: Le Seuil, 1966) 출간 전의 라캉의 몇몇 텍스트들의 목록으로 이루어져 있다. 이 텍스트들은 라캉의 저작에 더욱 쉽게 접근하게 한다. 그 목록은 특히 「자아 기능의 형성자로서 거울 단계」("Le stade du miroir comme formateur de la fonction du je", 1949), 「프로이트적 사물」("La chose frudienne", 1956), 1953년 로마 회의에서의 라캉의 보고(「정신분석 안에서의 말과 언어」"La parole et le langage en psychanalyse"라는 제목으로 제출), 「D. 라가슈의 보고에 대한 주석들」("Remarques sur le rapport de D. Lagache", 1960), 「무의식 안에서의 문자의 심급」("L'instance de la lettre dans l'inconscient", 1957) 등을 언급하는데, 이 모든 텍스트들은 최종적으로 『에크리』 안에 재수록되어 출간되었다. 이 리스트는—특히 잡지 『정신분석』(*La psychanalyse*) 안에 실려 있는 라캉의 논문들이라는 간접적인 수단으로—1960년대부터 알튀세르나 알튀세르 서클이 라캉의 연구들과 가졌던 확실한 친밀성을 이해하게 해준다. 게다가 IMEC(L'institut mémoires de l'édition contemporaine)에서 열람이 가능한 알튀세르의

위하여』나 『자본론을 읽는다』의 출간보다 앞선 텍스트들 안에서 그러한 참조를 발견한다. 논문 「프로이트와 라캉」 외에도, 1963년 『철학교육 리뷰』*Revue de l'enseignement philosophique* 안에 실린 「철학과 인문과학들」이라는 제목이 달린 텍스트를 언급할 필요가 있다. 문제적인 인문과학의 과학성에 대한 반복되는 질문을 다시 꺼내면서, 알튀세르는 그 논문에서 과학의 영역 안에서 "소여"donnée의 실존을 전제하는 "경험주의적 이데올로기"를 특히 비판한다. 그러한 경험주의적 이데올로기의 변종이 다름 아닌 "기술주의적 이데올로기"인바, 이것은 실존하는 사회적 조건들에 한 개인이 적응하는 단순한 기술들에 불과한 것을 **인문과학들**의 이름 아래로 감추는 것으로 이루어진다. 선택된 사례는 바로 미국식 정신분석의 사례인데, 이것은 안나 프로이트의 작업과 연관된 "자아 심리학"ego psychology이 주도하는 것으로서 무의식의 이론적 가설을 뒷전으로 보내는 것처럼 보인다. 자아의 "자율성"을 강화

총서와 개인 아카이브들은 라캉의 저작에 대한 직접적인 지식을 증언한다. 이러한 점은 올리비에 코르페와 프랑수아 마트롱의 루이 알튀세르의 『정신분석에 대한 글들』(*Écrits sur la psychanalyse*, Paris: Stock/IMEC, 1993, pp. 307~308)의 부록에 암시되어 있다. 그 아카이브들은 실제로 일련의 "라캉에 관한 노트들"을 포함하고 있는데, 이것은 특히 1949년의 「거울 단계」, 1956년의 「프로이트적 사물」, 그리고 1964년에 고등사범학교에서 수행된 라캉 세미나의 몇몇 세션과 관련되며, 거기에는 프로이트의 저작들 ― 「환상의 미래」와 「집단심리학과 자아분석」 ― 에 대한 독서 노트들도 포함되어 있다.

하는 전략에 의거해 정신분석을 조건화conditionnement의 기술로 변형시키면서, 앵글로색슨 학파는 심리학의 이데올로기 그 자체인 기술주의적 이데올로기에 참여할 뿐만 아니라, 프로이트의 발견의 관건들을 ─ 특히 두 번째 위상학에 걸려 있는 것들을 ─ 무시하거나 몰이해하면서, "프로이트의 작업에 대해서, 요컨대 정신분석의 대상에 대해서 극단적인 반대 방향"을 택하고, 정신분석이 과학으로 구성될 수 있는 가능성을 위태롭게 만든다. 그런데, 알튀세르에 따르면 바로 "한 사람이 그러한 논증[특히 미국 학파에 의해 수행된 정신분석의 대상에 대한 반대 방향의 논증]을 행했는데, 그의 텍스트들이 어떤 해석을 통해서만 읽힐 수 있다고 할지라도, 읽히거나 '번역될' 수 있는 것이고, 우리는 곧 그의 이론적 장점을 알아보게 될 것이다. 그는 자크 라캉이다".

그리고 알튀세르는 1963년의 이 텍스트에서부터 맑스의 발견과 프로이트의 발견의 유사성을 내보이면서, 라캉의 작업에 대해 강렬한 찬사를 보낸다. "맑스는 '경제적 인간'Homo Œconomicus신화에 대한 거부에 근거해서 자신의 이론을 세웠다. 프로이트는 '심리적 인간'Homo psychologicus신화에 대한 거부에 근거해서 자신의 이론을 세웠다. 라캉은 프로이트의 해방시키는 단절을 보았고 이해했다. 라캉은 그 용어[단절]를 엄밀하게 취하면서, 그것이 중단이나 양보 없이 그 고유의 결과들을 산출하도록 강요하면서, 충만한 의미에서 그 용어를 이해했다. 그는 모든 사람처럼 세부사항들 속에서, 나아가 철학적 지표들의 선택

속에서 방황할 수 있다. 우리는 그에게 **본질적인 것**을 빚지고 있다."[10]
이러한 찬사 속에는 동시에 암묵적인 어떤 유비가, 이를테면 정신분석
이론의 영역 안에서의 라캉이 채택한 절차와 맑스 이론의 영역 안에서
알튀세르 자신이 채택한 절차 간의 두 번째 유비가 일어나는 것처럼
나타난다. 우리는 이 점으로 다시 돌아올 것이다.

그리하여 우리는 알튀세르가 라캉의 연구에 부여했던 관심은 무
엇보다도 **심리학 비판**──자신을 과학으로서 구성한다는 심리학의 주
장들에 대한 비판, 그리고 현존하는 사회적 규범들에 개인들을 적응시
키는 심리학의 실제적 역할에 대한 비판──이라는 전반적 계획과 일
치한다고 짐작한다. 이와 같은 비판은 알튀세르적 전망에서 결정적이
며, 이는 모든 "개념 철학자들"에게 있어서도 마찬가지다. 조르주 캉
길렘을 위시하여 개념 철학자들은 프랑스의 인식론 전통 안에 자리하
고 있으면서, 주체의 다양한 의식 철학들과 대립한다. 도구주의, 그리
고 거짓과학으로서의 심리학에 대한 캉길렘의 이중의 거부는 집요하
게 다시 나타나는데, 바로 그러한 집요함을 가지고 알튀세르는 정신분
석과 심리학 사이의 구분을 표시한다. 이와 같은 것들이 그가 1963년

---

10 L. Althusser, "Philosophie et sciences humaines"[*Revue de l'enseignement philosophique*, juin-juillet 1963], texte repris dans le volume intitulé *Solitude de Machiavel*, Paris: PUF, 1998, pp. 53~54, et n. 18[『마키아벨리의 고독』, 김민석 옮김, 중원문화, 2012].

에 쓴 텍스트의 교훈이다. 이에 따르면, 라캉의 가르침 그 자체에 의하면 "우리는 정신분석을 행동주의나 파블로프주의나 인간중심주의에, 심지어 아주 간단히 '심리학'에 일치시킬 수 없다".

어쨌든 알튀세르의 독해는 심리주의에 대한 전반적 비판을 넘어서 곧바로 어떤 정확한 계획의 노선을 따르는 것처럼 보인다. 그것은 라캉의 연구를 자연 언어로 번역하는 계획이며, 이것은 또한 유심론의 전통 및 현상학-실존주의의 전통과 단절하는 철학 공동체 안으로 라캉을 수용하기 위한 조건이기도 하다. 라캉과 정신분석에 할애된 1963~1964년 세미나에서 알튀세르가 첫 번째로 발언했던 내용이 바로 그런 것이었다. 자크 라캉의 존재 자체인 "역사적 현상"을 상기시키고, 라캉이 자신을 표현하는 "공고라적"gongoresque이고 수수께끼 같은 형식을 상기시키면서, 알튀세르는 ─특히 세미나 안에서의 ─ 라캉 발언의 외양상의 이해불가능성 아래에 감춰진 명료성을 확언한다. 그러한 모호성의 외양은 어떤 전략적 목적들을 따르는 것일 수 있는데, 그 목적들은 정신분석 자체의 상황과, 정신분석 실천가들이 대개의 경우 프로이트 이론의 목표를 사실상 잘못 이해하고 있기 때문에 생겨나는 [정신분석] 제도의 고유한 어려움과 연관되어 있다. 만일 "전적으로 특별한 공격성" 내지 "번쩍이는 심술"과 결합된 라캉적 스타일의 모호성이 본질적으로 정신분석 제도의 장에 내재하는 어떤 목적성에 상응한다면, 그런 바로크적 외피로부터 어떤 사유를 추출하는 것이 가능해지는데, 이러한 사유의 영향력은 여전히 비밀스럽고 충분히 이해되지 못한 무의식 이론의 명시화를 통해서 전술한 "인문과학들"의 비판적 지성에까지, 그리고 철학 그 자체에까지 확장된다. 그리하여 알튀세르가 던져 놓은 명령의 단어가 이해된다. "라캉을 번역하라." 이 번역의 프로그램은 "정신분석"과 "인문과학들의 세계" 사이에 실존하는 당연한 관계에 대한 본질적으로 철학적인 문제를 해결하는 데 필수 불가결한 것으로 나타나는바, 이는 ─ 라캉에 의해 정확하게 주어진 ─ "정신분석의 타당하고 엄밀하고 일관성 있는 이론적 정의"를 확실히 전제한다.[11] 더욱 일반적인 방식으로, 알튀세르에 따르면, 인문과학들의 "세계"의 지성은 두 가지 필요조건을 촉구한다. "맑스에 의해 개시된 문제제기의 결과들"에 대한 이해와 정신분석의 본질에 대한 이해. 여기서 다시금 맑스로의 회귀 요청과 프로이트로의 회귀 요청 간의 평행론이 실행된다.

따라서 이론으로서의 정신분석의 질문, 과학인 한에서의 정신분석의 본질과 대상은 직접적으로 맑시즘의 이론가들의 관심을 끈다고 말할 수 있다. 정신분석은 또한 베르그손의 철학에 의해 특징지어지는 유심론적 경향과 단절하고, 동시에, 알튀세르를 믿어 보자면, 사르트르와 메를로-퐁티(그럼에도 불구하고 메를로-퐁티의 연구들은 라캉의 눈

11 L. Althusser, "Philosophie et sciences humaines", 1er Conférence, pp. 67~72.

에는 괄목할 만한 중요성을 간직한다)로 각인되는 프랑스 현상학의 전통 및 실증주의적 전통과 단절하려고 고심하는 철학들의 관심을 끈다. 그리하여 프로이트로의 회귀에 대해 조사하는 알튀세르의 명령과 라캉이 시작한 프로이트 텍스트들의 해석은 서로 이해될 수 있다.

그러므로 분명히 무의식의 질문으로 향하는 이데올로기의 질문과 관련해서, 정신분석에 대한 알튀세르의 이론적 관계가 그의 연구 프로그램의 결정적인 부분을 정확히 함축하는 한에서 심화된 검토를 받을 만하다면, 확실히 알튀세르의 작업과 라캉의 작업의 대면에 부여되는 특별한 중요성을 그 저작들에서 간략하게 정당화해야 한다. 실제로 우리가 지적했듯이, 알튀세르는 무의식 가설의 혁명적 특징을 강조하는 프로이트 이론으로의 회귀가 라캉의 연구 덕분이라는 것을 인정한다. 만일 우리가 알튀세르가 직접 소개한, 그와 정신분석과의 만남에 대한 짧은 이야기를 믿는다면,[12] 그가 프로이트 이론의 특수한 쟁점들을 이해하는 데 있어서 라캉을 통한 우회가 결정적이었음이 나타난다. 당연히 알튀세르는 라캉의 연구를 알기 전에 프로이트의 텍스트들을 읽었다. 그는 사르트르와 메를로-퐁티를 경유해서, 특히 조르주 폴리처의 저서 『심리학의 토대들에 대한 비판』*Critique des fondements de la psychologie*, 1928을 통해서 프로이트의 텍스트들을 접했다. 후자의 책

---

12 Ibid., pp. 21~41.

은 프랑스에서, 특히 철학의 장 안에서의 프로이트의 저작들의 수용에 대한 기초 저작이었다. 따라서 알튀세르가 우선적으로 프로이트 이론을 만났던 것은 프랑스 철학의 현상학적 전통을 통해서, 이 전통에 깊숙이 각인된 폴리처의 "구체적 심리학"psychologie concrete에 의해서였다. 진정한 심리학은 프로이트가 거부했던, "영혼의 편견"에 토대를 둔 저 추상적 이론이 아니라는 폴리처의 강의를 반복하면서, 알튀세르는 자신이 "개인적 종합"이라고 명명한 것에 도달했다. 그것은 이렇게 진술된다. "심리학은 [······] 인문과학들의 영역에서 자기의 추구에 놓여 있는바, 이미 현존한다. 하지만 심리학은 그 사실을 알지 못한다. 심리학은 정초되었으며, 아무도 그 점을 알아채지 못했다. 심리학은 프로이트에 의해 정초되었다. 따라서 현행적 심리학은 스스로를 구성하기 위해서 심리학의 본질이 프로이트에 의해 규정되었었음을 의식하고, 이 사실을 의식하면서 그 귀결들을 끌어내는 것으로 충분하다. [······] 달리 말해서, 그것은 다음과 같은 재미있는 형태를 취하고 있었다: 심리학의 대상, 그것은 무의식이다. 심리학이 발전할 수 있는 것은 오로지 본질상 심리학의 대상을 무의식으로 규정하면서이다."[13]

여기서 알튀세르가 이해시키는 것, 그것은 폴리처 식의 복종에 의한 최초의 개인의 종합이 갖는 유지될 수 없는 특징, 나아가 의미를 잃

---

13 *Ibid*, pp. 40~41.

은 특징이다. 그러한 특징은 심리학에서 정신분석으로의 어떤 연속성을 전제하므로 심리학의 대상과 정신분석의 대상의 본질적인 차이를 알지 못했다. 마침내 완성된 과학적 형태를 향한 심리학의 일종의 변형이나 변신이라는 신기루가 사라지기 위해서는, 다시 말해 심리학에 대해서 프로이트가 개시한 인식론적 "단절"이나 심적인 것의 본질을 무의식과 동일하게 놓는 새로운 과학의 정초가 전적으로 근본적인 것으로 정립되고 사유되어 나타나기 위해서는 라캉의 강의를 기다려야 했던 것처럼 보인다. 라캉은 프로이트의 개념인 무의식이 비록 부정의 등록소 안에 있을지라도 의식 개념으로 환원불가능하다는 것을, 또한 의식 개념이 관여하는 이데올로기적 장으로 환원불가능하다는 것을 보여 준다. 알튀세르는 이렇게 강조한다. 라캉의 주된 장점들 가운데 하나는 **이론적 변형**을 이루어 냈다는 점이다. 즉 라캉은 이데올로기에 여전히 물들어 있는 개념들, 또는 다윈의 영감을 받은 생물학이나 물리학에서의 에너지 이론처럼 다른 분과들로부터 수입된 개념들 ─ 프로이트의 용어법을 여전히 가리키는 개념들 ─ 을 다른 개념들로, 즉 프로이트가 개시한 과학의 고유성에 진정으로 적합한 "가족적 개념들"concepts domestiques로 변형하는 작업을 했다. 다시 한 번, 라캉의 전략에 대한 알튀세르의 묘사는 **역사의 대륙**의 발견 범위 안에서 맑스의 이론이 여전히 결여하고 있는 개념들을 맑스의 이론에게 제공하려는 그의 계획 ─ 그럼으로써 그의 이론적 혁명의 광대함을 가리고, 또한 맑스 이론이 도입한 헤겔적 변증법 내지 철학적 인간학과의 **단절**을, 또는 고전 정치경제학과의 **단절**을 가리는 옛 용어들의 잔재를 맑스의 저작 안에서 몰아내려는 계획 ── 과 메아리처럼 공명한다.

따라서 저 저작의 주된 대상은 알튀세르에 의한 "프로이트의 발견"의 수용과, 특히 라캉에 의해 이론화되었던 프로이트의 발견과 관련되며, 1960년대 초와 1970년대 말 사이에 "맑스로의 회귀"라는 특별한 틀 안에서 정신분석으로부터 물려받은 개념들에 대한 재가공과 관련된다. 문제가 되는 것은 우선 정신분석적 이론의 프리즘으로 그 당시의 알튀세르의 작업에서 중요한 몇몇 개념들을, "증상적 독해", "중층결정" 혹은 "구조적 인과성"과 같은 개념들을 재질문하는 것이다. 바로 이러한 관점에서, 맑시즘과 정신분석의 교차로에서 **이데올로기 이론**을 구성하려는 알튀세르의 계획의 독특성이 더 잘 이해될 수 있다. 만일 그러한 이데올로기 이론이 맑스의 철학 자체 안에서의 결여를 채우는 경향이 있다면, 그것은 무의식 이론에 명시적으로 연결된다. 그리고 이데올로기 이론의 지평은 다름 아닌 **주체**에 대한 질문의 고유한 문제틀의 지평이 되며, 주체에 대한 질문은 알튀세르의 작업 안에서 특별히 뒤얽혀 있고 수수께끼적이다.

차례

| 일러두기 |

1 이 책은 Pascale Gillot, *Althusser et la psychanalyse*, PUF, 2009를 번역한 것이다.

2 이 책의 주석은 모두 각주로 되어 있으며, 지은이 주와 옮긴이 주로 구분되어 있다. 옮긴이 주의 경우 내용 앞에 '[옮긴이]'라고 표기했다.

3 본문에 옮긴이가 첨가한 말은 대괄호([ ])를 사용해 구분하였다.

4 단행본·정기간행물의 제목에는 겹낫표(『 』)를, 논문·기사의 제목에는 홑낫표(「 」)를 사용했다.

5 외국어 고유명사는 2002년에 국립국어원에서 펴낸 외래어표기법을 따르는 것을 원칙으로 하되, 관례가 굳어서 쓰이는 것들은 관례를 따랐다.

1장

∞

맑스의 발견과 프로이트의 발견

1장
맑스의 발견과 프로이트의 발견

이론적 반(反)-인간주의와 반(反)-심리주의

알튀세르가 행한 맑시즘과 정신분석 간의 상호 접근은 우선 그의 저작 속에서 수없이 반복되었던 이중의 부정에 대한 확인 속에 있다. 맑스가 고전 정치경제학 비판과 함께 경제적 인간homo Œconomicus의 신화를 와해시켰던 것처럼, 프로이트는 심리적 인간homo psychologicus의 신화를 내버렸다.

이러한 확인서는 우리가 지적했듯이 1963년의 텍스트 안에 이미 제시되어 있다. 그는 프로이트의 무의식 이론과 라캉이 제안한 프로이트로의 회귀에 똑같이 특별한 경의를 건넬 결심을 하는데, 바로 이러한 결심이 「프로이트와 라캉」이라는 논문을 구성하고 있다. "맑스 이래, 우리는 인간 주체, 그리고 경제적, 정치적, 혹은 철학적 자아가 역사의 '중심'이 아니라는 것을 알고 있다. 우리는 빛의 철학들과 헤겔과는 반대로 역사는 '중심'을 갖고 있지 않다는 것을, 다만 이데올로기적 몰이해 속에서만 필연적 '중심'을 갖는 그런 구조를 소유하고 있다는 것을 안다. 이번에는 프로이트는 실재적 주체, 단독적 본질 속에 있는 개인은 '나'라는 중심으로 향하는 에고의 형상을, '의식'이나 '실존'(대자적 실존이건, 고유한 신체의 실존이건, 아니면 '행동'의 실존이건 간에)을 갖지 않는다는 것을 우리에게 드러내 보였고, 인간 주체는 탈중심화되어 있으며 어떤 구조로 구성되어 있다는 것을, 이 구조도 마찬가지로 다만 '나'의 상상적 몰이해 속에서만, 다시 말해 그 자신이 '알아보아지는' 이데올로기적 구성체들 안에서만 '중심'을 갖는다는 것을 우리에게 드러내 보여 주었다."[1]

그처럼, 프로이트 자신이 심리적인 것과 무의식의 본질적 등가성에 관한 자신의 이론에 비유한 코페르니쿠스적 혁명은 인간 주체의 **탈중심화** 과정에서 보완적 단계를 구성한다. 이 과정은 맑스에 의해, 역사의 "주체"라는 개념(인간들)에 대한 거부, 고전 정치경제학의 전제들, 특히 인간 ── **필요의 주체** ── 을 경제활동의 근본적인 설명적 원리로서 표상하는 것에 대한 거부와 함께 도입된다. 『자본론』의 저자는 실

1 L. Althusser, "Freud et Lacan", *Positions*, pp. 33~34.

제로 "자신의 공간의 현상들에 대한 경제적 특징의 토대를 필요의 주체(경제적 인간의 소여)인 인간 안에 두는 [……] 인간학"[2]의 이데올로기적 특징을 폭로했다. 이러한 점이 "맑스의 엄청난 이론적 혁명"의 교훈들 가운데 하나이며, 이것은 생산 양식(생산력과 생산관계의 일치)에 의해 정해지는 포괄적 **구조**의 탁월성primat을, 기본 소여의 실존과 필요의 인간 주체를 단언하는 경험주의적–실증주의적 이데올로기에 대립하는 경제 현상들의 구성 내지 결정 자체 안에서 정립하는 것으로 이루어진다. 똑같은 이론적 혁명이 프로이트 혁명과 독특한 공명을 일으키는바, 후자의 혁명은 『꿈의 해석』에서부터 의식의 주변적 또는 2차적 특징을 드러내면서 의식의 탁월성으로 이어지는 자아의 과학으로서의 심리학과 결정적으로 단절했다.

　　알튀세르는 정신분석을 주제로 고등사범학교에서 조직한 세미나 첫 해에 작성된 라캉에게 보내는 1963년 11월 26일자 편지에서, 두 이론적 혁명의 유사성의 테제를 이미 제안했다. 맑스의 이론으로 시작했던 자신의 연구가 라캉이 제안한 프로이트로의 회귀의 의미를 이해하기 위한 조건이었음을 밝힘으로써, 알튀세르는 심지어 맑스의 발견이

2 L. Althusser, "L'objet du Capital", L. Althusser, E. Balibar, R. Establet, P. Macherey, J. Rancière, *Lire le Capital*[1965], Paris: PUF, 1996, p. 369[『자본론을 읽는다』, 김진엽 옮김, 두레, 1991].

어떤 의미에서 프로이트의 발견을 정초하며 가능케 한다고 암시하는 것처럼 보인다.[3]

심리학이 아무리 영혼의 과학, 자아의 과학, 혹은 행동의 과학이라는 형태 아래 제시되었을지라도, 심리학의 이론적인 실추는 라캉이 전쟁 후부터 제안했던 프로이트의 재독해의 결정적인 축을 확실하게 구성한다. 심리학은 미국 정신분석의 주된 경향들 가운데에서도 영향력 있는 "자아 심리학"에 반대하여 주도되는 전투와 분리될 수 없다. 여기서 자아 심리학은 특히 두 번째 장소론에 대한 독해, 다시 말해 이드, 자아, 초자아의 심급들에 따른 심적 장치appareil psychique의 구성 이론에서 유래한다는 점을 상기하자. 「쾌락원리를 넘어서」(1920), 그리고 「자아와 이드」(1923)를 출판한 1920년대 이후부터, 프로이트가 인간 심리의 특징을 위해 『꿈의 해석』에서 전개했던 무의식, 전의식, 의식 체계를 대체한 것이 바로 저 이론이다. 자아 심리학의 지지자들, 특히 안나 프로이트를 잇는 지지자들은 프로이트의 두 번째 장소론을 자아moi 이론 안으로의 재중심화로 이해하고, 결과적으로 그러한 자아에 따라서 정신분석적 치료 기술을 구상하는데, 그때 문제가 되는 것은 자아의 강화를 위해 노력하면서 동시에 저항을 분석하는 것이다.

---

3 라캉에게 보내는 알튀세르의 1963년 11월 26일자 편지, L. Althusser, *Écrits sur la psychanalyse*, pp. 273~274.

그런데 라캉은 프로이트 이론에 대한 완전한 몰이해를 이루는 내용의 실천적이고도 이론적인 결과를, 더 나아가 두 번째 장소론이 암시하는 내용을 덮거나 은폐하려는 시도를 고발하기를 멈추지 않는다. 이 경우에 프로이트의 두 번째 장소론이 암시하는 내용은 자아-주체로서가 아닌 무의식의 주체로서 주체에 대한 독특한 정의인데, 라캉은 그러한 주체를 "기표의 주체"라고, 근본적으로 타자의 담화 자체와 동일한 담화의 상징적 질서에 예속된 주체라고 지칭한다. 그리하여 우리는 1965년에서 1966년 사이에 행해진 고등사범학교의 세미나를 개회하는 강의인 「과학과 진리」에서 다음과 같은 내용을 읽을 수 있다. 즉 두 번째 장소론은 "[심적] 장치의 보증"의 질서에 속하는 것이 아니며, 오히려 "어떤 변증법에 따른 경험의 반복reprise"을 나타내는바, "이 변증법은 이후에 구조주의가 논리적으로 만들어 낼 수 있는 것 — 다시 말해 주체, 그리고 구성적 분열 속에 붙잡힌 주체 — 으로서 더욱 잘 규정된다."[4] 데카르트가 근대 과학 혁명의 이론적 맥락 속에서 규정했던 과학의 주체, 라캉은 고유하게 정신분석의 주체를 그러한 과학의 주체로서 — 다시 말해, 깊이가 없는, 점 형태의, 과학의 순수 상관물로

---

4 J. Lacan, "La science et la vérité", *Écrits*, Paris: Le Seuil, 1966, p. 856[「과학과 진리」]. 이 텍스트는 고등사범학교의 인식론 그룹에 의해 출판된 『분석을 위한 노트』(*Cahiers pour l'analyse*)의 첫 호(janvier-février 1966)에 먼저 실렸었다.

서 —특징짓는데, 이러한 특징짓기는 주체를 생물학적 개체와 동일시하는 것도, "심리학적 진화"의 주체와 동일시하는 것도 금지한다. 그 결과, 정신분석 자체의 지배적 심급들(특히 IPA[5]) 안에서 중요하게 걸려 있는 "주체의 심리주의화"—이것은 독특한 퇴행 운동을 통해 정신분석을 프로이트적 발견 이전으로 가져갈 수 있는바—에 대한 근본적 비판이 전개된다. 주목할 만한 방식으로, 라캉의 모든 절차를 지휘하는 그러한 비판은 주체 개념의 비(非)인간주의적 규정으로 이중화된다. 만일 정신분석이 발생시킨 진정한 주체가 과학의 순수한 주체 외에 다른 것이 아니라면, 그때 "인간주의적인 모든 참조"는 무의식에 관한 프로이트 이론의 영역 안에서 "잉여적"이 된다. 우리는 그로부터 보다 일반적으로 이렇게 추론할 수 있다. "인간의 과학은 없다. 왜냐하면 과학의 인간은 실존하지 않고, 오로지 그것[과학]의 주체만이 실존하기 때문이다."[6]

"인문 과학들"이 이론적 인간주의를 끌어들이는 한, 그러한 인문 과학들의 계획 자체의 실추는 주체의 심리주의화에 대한 거부를 동반하며, 「과학과 진리」에 있는 「심리학」이라는 제목의 유명한 논문이 증언하는바,[7] 심리학에 대한 캉길렘의 비판의 반향처럼 울려 퍼진다.

---

5 [옮긴이] 국제정신분석협회(International Psychoanalytical Association)를 가리킨다.
6 *Ibid.*, pp. 857~859.

1958년에 출판된『형이상학과 도덕에 관한 리뷰』안에 수록된 캉길렘의 논문[8]은 인식론적이고 실천적인 이중의 국면에서 심리학에 대한 일종의 거부 모델을 구성한다. 바로 그러한 종류의 거부가 1960년대에 알튀세르와 라캉의 작업을 지휘했으며, 더욱 광범위하게는 전술한 인문과학들이 주장했던 과학성에 대한 비판적 분석에 양분을 제공했다. 캉길렘에 의해 심리학은 도구-인간의 "사회·기술적sociotechnique 환경"에의 적응을 목표로 하는 도구주의적 실천으로서, 그리고 자신을 과학으로서 구성하려는 계획에서 실패한 "과학" —— 방법이나 대상에서 불투명성의 부담을 진 과학 —— 으로서 폭로되어 나타난다. 심리학이 철학과 단절하면서 구성되었음에도 불구하고, 심리학의 위상의 애매성, 심리학이 부당하게 찬탈한 과학성은 사실상 무척이나 자주 심리학을 "엄밀하지 않은 철학", "요구가 없는 윤리학", "통제 없는 의학"[9]으로 환원시킨다. 내적 감각과 행동의 과학 사이에 걸쳐 있고, "사유하는 주체의 과학"이지만 데카르트의 나는 사유한다의 주제와 반대 방향

7 *Ibid.*, p. 859.
8 Georges Canguilhem, "Psychologie"(1958), *Études d'histoire et de philosophie des sciences*[1968], Paris: Vrin, 1994, pp. 365~381 [「심리학」,『역사와 과학철학 연구』에서 재수록]. 이 논문이 또한 「심리학이란 무엇인가?」("Qu'est-ce que la psychologie?")라는 제목으로『분석을 위한 노트들』(*Cahiers pour l'analyse*, vol.2, mars-avril, 1966)에 다시 수록되어 출판되었다는 사실에 주목하자.
9 *Ibid*, p. 366.

에서 유래하는 심리학은 개념적 통일성을 결여하고 있다. 하지만 그러한 인식론적 불투명성은 또한 기술적 도구주의를 상관물로 가지는데, 이것은 특히 행동주의적 해석에서, 과제들의 분배 내지 노동의 사회적 분할의 틀 안에서 개인들의 능력과 가치를 평가하는 역할을 통해 심리학을 사회적 환경의 적응기술로 만든다. 따라서 심리학은 실천적으로 "계획경제적인 좋은 의식, 인간이 인간과 갖는 관계들을 관리하는 심성"으로 특징지어진다.[10]

상기한 판결은 우리가 서론에서 언급한 알튀세르의 1963년의 논문, 정신분석과 심리학을 분리시키려는 라캉의 전략을 높이 평가하는 「철학과 인문과학들」이라는 제목의 논문에서 분명하게 반향되어 나타난다. 하지만 그것은 1963년에 행해진, 정확하게는 1963년 11월 20일자의 라캉의 강연 속에서도 똑같이 나타난다. 문제가 되는 것은 「아버지의 이름들」에 관한 첫 번째이자 유일한 세미나로서 이것은 1963~1964년에 생트안느 병원에서 열릴 예정이었으나 "파문"[11]에 의해 중단되었고 라캉은 알튀세르의 초대를 받아 울름가[12]로 자리를 옮겼다. 인간의 지성을 동물의 지성과 완전히 구분하지 않는 진화론적

---

10 *Ibid*, p. 379.

11 [옮긴이] 여기서 파문은 1963년 국제정신분석협회(IPA)로부터 라캉이 축출당한 사건을 가리킨다.

12 [옮긴이] 고등사범학교가 있는 파리의 거리 이름이 울름(Ulm)이다.

관점을 따르면서 인간의 지성을 단순히 "다른 정동들 가운데 한 정동"으로 환원시키는 심리학의 실증주의적 전제에 의해 산출된 "몽매주의의 결과"를 고발하면서, 라캉은 그 텍스트에서 이렇게 단언했다. "우리는 그러한 결과가 도달하는 곳이 어디인지를 안다. 그것은 점점 더 의도적인 기술주의의 기획에, 용도가 없는 주체들의 심리학적 표준치 측정에, 심리학자의 기준 아래로 머리를 수그리며 실존하는 사회의 틀 안으로 진입하는 것에 도달한다."[13] 어쨌든 라캉의 경우에, 심리학에 대한 비판은 — 특히 실험심리학에 대한 비판은 — 캉길렘의 비판을 직접적으로 뒤따르는 것처럼 보이지 않는다는 점에 주의하자. 오히려 심리학에 대한 라캉의 비판은 캉길렘의 비판보다 훨씬 더 앞서 있는데, 왜냐하면 그것은 1953년부터 로마 회의 보고서에서 나타나기 때문이다. 이 보고서는 미국 정신분석 학파의 일탈을, "사회적 환경에 대한 개인의 적응으로 향하는"[14] 미국 정신분석의 노선 전환을 고발했다.

　　라캉이 방어하는 반-심리주의, 심리적 주체의 표상에 대한 그의 근본적 비판은 따라서 반-인간주의를 지지한다. 반-인간주의는 맑시즘의 틀 안에서는 알튀세르가 그 주된 이론가이지만, 앞서 언급한

---

13 J. Lacan, "Introduction aux Noms-du-Père", *Des Noms-du-Père*, Paris: Le Seuil, 2005, p. 73 [「아버지의 이름들의 서론」, 『아버지의 이름들』].
14 J. Lacan, "Fonction et champ de la parole et du langage en psychanalyse" (1953), *Écrits*, pp. 245~246 [「정신분석에서의 말과 언어의 기능과 장」, 『에크리』].

1963년의 강연에서 라캉 역시 반-인간주의의 옹호자가 된다. 우리가 강조했듯이 알튀세르가 라캉의 반-심리주의 전투를 완전히 공유한 것은 프랑스에서 20세기에 조르주 캉길렘에 의해, 그리고 그보다 먼저 장 카바이에스에 의해 ── 카바이에스는 『과학의 논리와 이론에 대하여』의 말미에 이미 '의식의 철학'에 대립하는 '개념의 철학'의 구성을 촉구했다[15] ── 다시금 활성화된 스피노자적 전통 안에 그 자신이 포함되는 한에서였다. 하지만 심리적 주체에 대한 비판은 맑스가 시작한 "경제적 '코기토'" ── 즉 개인을 "18세기의 신화들이 사회의 경제적 발전의 기원에서 상상했던" 그러한 "생산의 기본적 주체"[16]로 만들어 버린 경제적 코기토 ── 에 대한 비판을, 달리 말해서 더욱 일반적으로, 스미스나 리카르도와 같은 고전 정치경제학의 저자들에게 고유한 **이론적 개인주의**에 대한 비판을 동시에 강화한다. '자아'le moi가 표상과 의지 위에 의식을 개입시켜서 자신의 제국을 실행시키는 그런 표상과 의지의 기반substrat이 아닌 것과 마찬가지로, 인간, 즉 개별적 인간

---

15 "과학의 교설을 제공할 수 있는 것은 의식의 철학이 아니라 개념의 철학이다. 생성적 필연성은 활동의 필연성이 아니라 변증법의 필연성이다"(J. Cavaillès, *Sur la logique et la théorie de la science*[1947], *Œuvres complètes de philosophie des sciences*, Paris: Hermann, 1994, p. 560[『과학의 논리와 이론에 대하여』]).

16 L. Althusser, *Pour Marx*; Paris: Fraçois Maspero, 1965[『마르크스를 위하여』, 서관모 옮김, 후마니타스, 2017], "Sur la dialectique matérialiste", 4, Paris: La Découverte; 2005, p. 201[『유물론적 변증법에 대하여』].

주체는 경제적 활동의 원리도 기원도 아니다. 맑스는 역사적 유물론의 독특한 관점에서 인간들은 생산의 기본적 주체들이 아니고, 심지어 역사의 **주체들** 일반도 아님을 보여 준다. 『공산당 선언』의 공식을 반복하면서 인간 사회의 모든 역사는 "계급 투쟁의 역사"라고 말하는 맑스의 테제는 역사 철학들에 대한 전통적 비판 속에서 결정적인 요소를 나타낸다. 알튀세르가 만들어 낸 특별한 독해를 따르자면, 그 테제는 사실상 역사적 과정에 대한 선-과학적인 인간주의적 개념들을 무효화한다. 만일 계급 투쟁이 역사의 진정한 원동력이라면, 역사를 만드는 자, 또는 역사의 **주체들**은 "인간들"도 대중들도 아니다. 따라서 역사에 관한 맑스적 구상은 **주체가 없는 과정**으로서 이해될 수 있다. 이것의 혁명적 특징은 "역사의 주체로서의 '인간'이라는 부르주아 이데올로기로부터 벗어난다는 사실, 그리고 '인간'에 대한 페티시즘으로부터 벗어난다는 사실"[17]로 이루어진다.

　이론적 반-인간주의, '인간' 범주를 철학적으로 사용하는 것에 대한 거부는 문제가 되는 것이 심리학적 주체('나')이건, 역사의 주체이건, 혹은 인식의 주체이건 간에 "주체" 범주에 대한 전반적 비판과 연관되어 나타난다. 그런데 그러한 반-인간주의의 주장은 알튀세르의

---

17 L. Althusser, *Réponse à John Lewis*, Paris: François Maspero, 1973, pp. 31~32[『존 루이스에 대한 답변』].

저작을 관통하며, 그의 지적 여정의 변경들 — 특히 철학의 위상이나 '인식론적 단절'에 대한 개념 이해와 관련되는 변경들 — 에도 불구하고 변하지 않은 채 남아 있다. 우리는 문제가 되는 그러한 주장을 역사적 유물론과 변증법적 유물론의 두 형태 아래에서 맑스 이론의 절대적 특수성을 증명하려는 목적을 가진 1965년의 저작, 『마르크스를 위하여』에서 확실하게 발견한다. 그때 문제가 되는 것은 관념주의적인 "총체성"의 개념화에 의해 지배되는 헤겔의 변증법으로도, 또한 "청년 맑스"의 연구 — 다시 말해, 1845년의 『독일 이데올로기』에서 도입되는 단절에 앞서는 맑스의 저작들 — 를 여전히 특징짓는 인간주의로도 환원되지 않는 맑시즘의 환원불가능성이다. 그러한 단절은 포이어바흐를 계승하는 철학과의 단절처럼, 달리 말해서 철학적 인간주의나 추상적 "인간" 개념에 대한 의존과의 단절처럼 주로 이해되는데, 맑스에 따르면 포이어바흐의 맥락 안에서 그러한 인간 개념은 "주어진 사회적 관계들 속에서의 인간들도 없게 하며, 인간들을 있는 바 그대로 형성하는 실제적 삶의 조건들 속에서의 인간들"도 이해할 수 없게 만든다.[18] 알튀세르의 맑스 독해는 1960년대 프랑스의 지적 상황 안에서 그

---

18 K. Marx et F. Engels, *L'idéologie allemande*(1845), I, A, K. Marx, *Œuvres*, III. *Philosophie*, Paris: Gallimard, Bibliothèque de la Pléiade, 1982, p. 1080[『독일 이데올로기』, 김대웅 옮김, 두레, 2015].

를 갑자기 유명하게 만들었는데, 그의 독해의 고유성은, 우리가 알고 있듯이 청년 맑스의 저작들, 예를 들어 1844년 수고들과 맑스의 과학적 성숙기의 저작들, 무엇보다도 『자본론』 간의 엄격한 구분에 놓여 있다. 그리고 이 구분은 어떤 경계선으로 확장되는데, "인간"(특히 인간적 본질의 소외라는 포이어바흐의 규정 안에서의 인간)의 범주에 근거해서 세워진 철학을, 그러한 최종적 범주로부터 벗어나 전혀 다른 개념들에 근거해서 세워진 역사나 사회구성체들의 과학과 분리시킨다.

하지만 반-인간주의적 입장은 주목할 만한 방식으로 1960년대에 알튀세르에 의해 시작된 연구를 넘어서 지속되며, 그러한 한에서는 결코 다시 부정되지 않을 것이다. 반-인간주의 테제는 그 급진성과 함께, 그리고 거침없는 도발적 특징을 넘어서, 철학적 장의 내부적인 투쟁 속에서, 예컨대 1975년의 「아미엥의 주장」을 기회로 재도입되어 나타난다. 박사학위 취득을 위한 논문 발표 중에 전쟁 후부터의 자신의 지적 여정을 다시 추적하면서, 알튀세르는 "부르주아 이데올로기나 사회민주주의 이데올로기"의 영역에서뿐만 아니라 국제노동자 운동의 한 중심에서 그러한 반인간주의 테제가 촉발시켰던 항의와 분개의 합창에 대한 응답으로서, 근본적으로 **이론적인** 반-인간주의의 자격에서 자신의 고유한 반-인간주의를 진지하고 **적확한** 테제라고 평가한다.[19]

19 L. Althusser, "Soutenance d'Amiens" [*La Pensée*, no. 183, octobre 1975], *Positions*, p.

그렇다면 그러한 관점에서 알튀세르의 인간주의 비판은, 혹은 더 정확히, 루이 알튀세르에 따른 맑시즘적 인간주의 비판은 무엇을 의미하는가?

우선 그와 같은 비판은 인간들의 종교적이고 정치적인 소외의 전복을 불러일으키는 인간주의적 복종에 대한 어떤 **담화**를 건드리지 않는다. 알튀세르는 그러한 담화가 정치적 담화로서 "위대함을 지니고 있다"[20]고 명시하면서 경의를 표한다. 비판은 맑스의 이론 및 이 이론이 동원하는 개념들과 인간주의의 본래적인 철학적 전통을 분리하는 것을 목표로 하는바, 그러므로 그러한 비판의 엄밀하게 이론적인 특징의 척도를 가늠해야 한다. 그러한 철학적 전통은 어떤 적을, 우선 맑스적 사유의 내부적인 적을 형성한다. 1845년 『독일 이데올로기』에 의해 수행된 전회 전까지, 그 내부적인 적은 1844년 수고가 증언하듯이 소외와 인간적 본질의 개념들에 젖어 있는 맑스 최초의 텍스트들을 붙잡고 있다. 1845년의 텍스트인 『독일 이데올로기』는 맑스가 공식적으로 자신의 옛 철학적 의식과, 특히 포이어바흐적 의식과 단절하는 한에서 "단절의 저작"이지만, 그가 해방되려고 하는 문제틀과 용어법 ―

159[『아미엥에서의 주장』, 김동수 옮김, 솔출판사, 1991]. [옮긴이] 한국에서 『아미엥에서의 주장』이라고 번역되었으나, 원 제목은 아미엥에서 행해졌던 학위논문을 위한 발표를 의미한다.

20 *Ibid.*, p. 161.

이 텍스트 안에서 개인inidividu의 개념에 부여되는 자리가 암시하는 내용——의 특징을 여전히 유지하는 한에서 애매한 저작이다.

하지만 일반적인 방식에서 『자본론』에서 역사적 과정들과 사회 구성체들의 과학적 설명을 위해 사용된 결정적인 개념들은 실제로 철학적인 인간 범주와의 단절 속에서 만들어진다. 생산관계들, 계급투쟁과 같은 개념들이 그렇다. 따라서 성숙기의 맑스의 구상 속에서 거부되는 것은 개인주의만이 아닌바, 그러한 구상에 따르면 사회는 개인들로 구성되지 않는데, 이는 인간들이 가설적 사회계약이나 노동의 사회적 분할이라는 지고의 원칙에 속하지 않으며 이미 제도화된 경제적, 사회적 기능들의 "전달자들"임을 함축한다. [그 속에서] 거부되는 것은 또한 개인주의의 철학적 상관물인 인간주의, 인간들을 주체들—종교적 주체, 정치적 주체, 법률상의 주체, 도덕적 주체, 또한 경제적 주체—로 만드는 인간주의이다. 결정적으로, 알튀세르에 따르면 "문제를 일으키는 것"은 "인간 본질에서, 자유로운 인간 주체—필요와 노동과 욕망의 주체, 도덕적이고 정치적 행위의 주체—에서 출발해서 사회와 역사를 설명하려는, 인간주의적 구상의 **이론적 주장**"이다. 그리고 그는 라캉의 선언—프로이트의 발견은 심리학의 근본 요청들과 "근본적 대립" 상태에 있다—을 따라 하면서 이렇게 명확히 밝힌다. "나는 맑스가 그런 식의 모든 인간주의의 이론적 주장과 단절하는 것을 조건으로 하면서만 역사 과학을 정초할 수 있었고, 『자본론』을 쓸 수 있었다는 것을 주장한다."[21] 그처럼 알튀세르가 마찬가지로 "맑스의 이론적 무-인간주의a-humanisme"[22]라고 명명한 것의 무엇보다도 인식론적인 쟁점이 이해된다.

그리하여 알튀세르는 철학적 인간주의와 자신의 이론적 주장에 관해 제안하는 비판적 분석 안에서, 어떤 독특한 자리를 『기독교의 본질』의 저자인 — 알튀세르에게 친숙한 저작의 저자이자, 더 나아가 그 자신이 몇몇 텍스트들을 번역하여 모음집으로 내놓은 바 있는[23] — 루드비히 포이어바흐를 위해 마련해 놓는다. 포이어바흐의 철학은 확실히 종교적 현상에 대한 유명한 분석과 이 현상이 포함하는 소외를 제시하며, 인간 개념에 의해 완전히 지배되어 나타난다. 그 분석을 따르

---

21 *Ibid*, p. 165. 알튀세르가 이론화한 단절, 즉 청년 맑스의 논문들과 성숙기의 저작 간의 "단절", 『독일 이데올로기』가 전환점이 되어서 실행된 단절과 관련해서는 다음을 참조할 것. *Pour Marx*, la deuxième partie de la préface; pp. 23~32[『마르크스를 위하여』, 서론] et le chapitre II, "Sur le Jeune Marx", pp. 47~83[『청년 마르크스에 대하여』, 2장].

22 L. Althusser, "La querelle de l'humanisme"[1967], *Écrits philosophiques et politiques*, II, Paris: Stock/IMEC, 1995, p. 447[「휴머니즘 논쟁」, 『철학적, 정치적 글들』].

23 Ludwig Feuerbach, *Manifestes philosophiques: Textes choisis(1839-1845)*, traduction et présentation de L. Althusser, Paris: PUF, 1960[『철학적 선언들』]. 나아가 알튀세르는 François Maspero출판사에서 자신이 주도했던 '이론' 총서 가운데, 장-피에르 오지에가 번역한 포이어바흐의 『기독교의 본질』을 출판했다. 이 번역은 1968년에 나온다.

면, 인간의 유적 본질은 다른 세계인 종교의 추상적이고 초월적인 세계 속으로 이를테면 기투되고 대상화되어서 나타난다. 소외의 특징적인 역전 메커니즘에 의해, 인간의 본질적 속성들은 또 다른 절대자, 신에 준거하여 나타나는바, 이 신은 사실상 "표현된 인간의 자기 자신"[24] 외에 다른 것이 아니다. 그리하여 인간들은 신성성에 바치는 숭배와 스스로를 위치시키는 예속 상태를 통해서, 그들의 경배와 두려움의 대상이란 그들 자신의 물화된 본질 외에 다른 것이 아니라는 사실을 인지하지 못한다. 알튀세르에 따르면, 포이어바흐는 소외를 주제화하면서 근본적인 개념 쌍, 즉 주체와 대상의 개념 쌍을 도입한다. 실제로 그처럼 이해된 소외는 인간의 어떤 두드러진 특징을 끌어들이는데, 그것은 자기의식과 반성성을 규정하는 거울 놀이 속에서 자신의 고유한 본질을 대상으로 취하는 데 있다. 주체와 대상의 거울반사적 관계는 우선 어떤 일반적 공리로 언표되는바, 이것에 의하면 주체가 관계하는 대상은 바로 그 주체의 고유한 본질의 대상화에서 결과한다.[25] 인간의 특수한 경우 속에서 그러한 거울반사적 관계는 자기의식의 특징을 취하는데,

---

24 *Ibid.*, p. 96.

25 포이어바흐에 의해 전개된 소외 이론에 대한 알튀세르의 독해가 주체와 대상의 거울반사적 관계를 끌어들이는 한에서, 이러한 독해와 관련해서는 또한 다음을 참조할 것. L. Althusser, "Sur Feuerbach" [1967], *Écrits philosophiques et politiques*, II, pp. 172~244(en particulier pp. 176~228) 「포이어바흐에 대하여」, 『철학적, 정치적 글들』]

왜냐하면 인간성의 두드러진 특징을 나타내는 종교는 우선 인간 주체 내지 인간 주체의 본질의 대상화 속에 있기 때문이다.

대상에 대한 주체의 관계를 기술하기 위해, 다시 말해 주체가 그 안에서 외재화되며 그와 동시에 그 자신을 알아볼 수 없게 되는 그런 "주체의 거울"을 기술하기 위해, 알튀세르는 중심과 "원환적 환경" environnement circulaire이라는 공간적 은유에 의존한다. 그러한 주체–대상 관계의 유형적 구조는 "현상에 대한 본질"의 관계처럼 이해된다. 달리 말해서 그것은 "구성하는 주체에 의해 그 중심이 구성되는 관계이며, 그러한 관계로부터 그 중심으로 동심원을 그리는 대상들의 공간이 방사된다. 이 대상들은 그러한 주체 또는 존재의 본질을 대상화하며, 그러한 주체 또는 존재는 대상들을 구성한다."[26] 중심 주체, 구성하는 주체라는 개념화에 대해, 주체성의 거울반사적 모델에 대해, 라캉에 이어서 알튀세르는 탈중심화되고 예속된 주체의 형상을 대립시키게 될 것이다. 마찬가지로 그는 포이어바흐의 철학적 인간학에 고유한 "의식의 이론적이고 실천적인 우위의 테제"를 거부하게 될 것이다.

결과적으로, **주체**와 **대상**의 철학적 범주들에 대한 의존은 알튀세르에게 있어서 인간주의에 대한, 특히 포이어바흐가 제안한 인간학적 유물론에 대한 비판의 주요 지점들 중 하나를 구성한다. 알튀세르는

---

26 L. Althusser, "Sur Feuerbach", p. 181 [『포이어바흐에 대하여』].

포이어바흐의 이론은 결국 오랜 철학적 연쇄의 마지막 매듭을 나타내며, 그 출발점은 다름 아닌 "고전 철학의 위대한 전통"이었다고 단언한다. 확실히 데카르트 주의와 로크 주의에 의해 특징지어진 17세기와 18세기의 사유는 실제로 여러 양태들에 따라 규정된 주체의 철학적 개념을 창설한다. 즉 그것은 한편으로는 인식의 **주체**이며, 다른 한편으로는 자신의 행위의 자유로운 원인이라고 여겨지는 도덕적 주체, 정치적 주체, 법률적 주체, 경제적 주체와 같은 **행위의 주체**이다. 알튀세르는 여러 번 자신의 저작에서 어떤 독특한 상관관계를 세운다. 이것은 한편으로는 근대 시대에 도래한 소유 및 자유 계약의 주체와 이 주체의 부르주아적 법률적 이데올로기, 다른 한편으로 그러한 주체의 법률적 범주에 대한 고유하게 철학적인 가공, 알튀세르 자신이 1970년대부터 종종 "부르주아 철학"이라고 명명하는 것 사이의 상관관계다. 부르주아 철학은 "진리의 주체" 혹은 "객관성의 주체"인 사유하는 주체ego cogito를 주제화하는 데카르트가 그 대표적 인물일 것이다.[27] 만일 사유

---

27 이 주제와 관련해서는 『정신분석과 인간과학들』(*Psychanalyse et sciences humaiens*) 모음집의 두 번째 강연, pp. 106~107과 pp. 115~119를 참조할 것. 알튀세르에 따르면 "부르주아 철학"은 14세기부터 "주체의 법률적 이데올로기를 토대로 해서" 구성되었던 바, 특히 그러한 철학과 관련해서는 L. Althusser, "Sur Spinoza", *Éléments d'autocritique*, 4, Paris: Hachette Littératures, 1974, p. 73[「스피노자에 대하여」, 『자기비판의 요소들』]을 볼 것. L. Althusser, "Sur Marx et Freud"[1977], *Écrits sur la psychanalyse*, p. 233[「맑스와 프로이트에 대하여」, 『정신분석에 대한 글들』에 재수록]이

주체에 대한 그러한 철학적 가공이 ——가령 심리학의 문제 제기와 혼동되지 않는—— 어떤 특정한 문제제기와 일치한다면, 그리고 그러한 가공이 부르주아적 법률적 이데올로기의 직접적이고 단순한 산물이 아니라면, 그 철학적 가공은 이데올로기와 동시에 확립되는 것처럼 보인다. 게다가 그것은 사유 주체의 관할 아래 단독적인 사유 과정의 모델을 세운다. 인식 과정 자체가 문제가 될 때, 알튀세르가 "주체 없는 과정"의 모델과 대립시켰던 것이 바로 그러한 모델이다. 그럼으로써 알튀세르는 "스피노자의 단호한 반反-데카르트주의"의 계보 속에 위치한다. 고전 시대의 중심에서 사유 주체ego cogito에 대한 비판을 이끌어 낸 최초의 인간, 스피노자.[28]

여하튼, 고전 철학이 이미 이론적 인간주의를 은밀히 요구했고 포이어바흐의 철학은 아마도 그것의 결정화인 것처럼,[29] 19세기의 헤겔 이후 독일 철학 안에서 포이어바흐는 인간이라는 유일한 범주 아래 고전 철학에 의해 정립된 주체에 대한 다수의 규정들을 집결시키기만 한 것처럼 보인다. 고전 철학이 지닌 주체에서 인간주의로의 은밀한 연속성은 너무나 결정적이었기에, 알튀세르는 자기의식과 소외의 기록에

라는 제목의 알튀세르의 텍스트 안에서 문제가 되는 것은 또한 "'의식' 철학"과 일체가 된 "부르주아 철학의 위대한 관념론적 전통"이다.

28 Cf. L. Althusser, *Éléments d'autocritique*, 4, pp. 73~75[『자기비판의 요소들』].
29 Cf. L. Althusser, "Soutenance d'Amiens", *Positions*, p. 163[『아미엥에서의 주장』].

준거하는 포이어바흐의 종교 개념을 "데카르트적 코기토"처럼 기술한다. 즉 코기토의 대상은 "더 이상 사유가 아니라 종교이고", 그것은 확실히 역사의 차원과 종교라는 "문화적 대상"의 차원을 고려하지만, "자기의식"과 "인간적 본질"[30]의 고전적인 근본적 등가성을 유지한다. 그와 관련해서, 이론적 반-인간주의는 소여, 주체, 기원, 목적, 질서라는 철학적 개념들에 대한 비판이라는 전반적인 범위 안에 있는 정도에서, 의식 철학 또는 주체 철학의 전통에 반대해서 시작된 전투와 연결된 부분을 명백히 가지고 있다. 게다가 알튀세르는 그러한 개념들이 맑스의 과학적 발견에 의해 거부되었던 고전 정치경제학의 전통 안에서까지 중요한 역할을 보유한다고 주장한다.[31]

프로이트로의 회귀로부터 함양된 맑스로의 회귀

우리는 알튀세르가 프로이트의 무의식의 발견과 맑스의 "역사의 대륙"의 발견 사이에 결정적인 유비를 세웠다고 지적했다. 동일한 유비가 이제 라캉에 의해 시작된 "프로이트로의 회귀"와 알튀세르에 의해 제안된 "맑스로의 회귀"라는 두 번째 유비에 토대를 제공한다. 확실히,

---

30 L. Althusser, "Sur Feuerbach", pp. 191~193「포이어바흐에 대하여」].
31 L. Althusser, "L'object du *Capital*", *Lire le Capital*, p. 371「자본론의 대상」].

대상들의 장에서만이 아니라 방법의 장에서도 실행되는 그러한 두 번째 유비는 『자본론을 읽는다』의 저자에 의해 주장되는 것이지, 『에크리』*Écrits*의 저자에 의해 주장되는 것이 아니다. 그렇지만 이 두 번째 유비는 몇 가지 요소들에 기대고 있는데, 이 요소들에 대한 검토는 알튀세르의 절차의 특수성을 그의 고유한 철학적 기획 안에서 더 잘 포착할 수 있게 한다.

우선, 가장 일반적인 측면에서 알튀세르가 강조하는 맑스로의 회귀와 프로이트로의 회귀의 구조적 상동관계는 인식론적 단절을 부각시킴으로써 이해된다. 『자본론』의 저자는 그런 인식론적 단절을 통해 역사적 유물론의 과학을 개시하며, 그것은 『꿈의 해석』의 저자가 무의식 이론을 정초하기 위해 실행한 단절과 비교될 수 있다.

우리가 알고 있듯이, 알튀세르의 철학 안에서 인식론적 단절 개념은 특히 그가 제안한 "이론적 반-인간주의"의 프리즘을 통한 맑스 이론의 재독해 속에서 결정적인 자리를 차지한다. 그것은 우선 1960년대에 "인식론적 단절"이라는 명명 아래 『자본론을 읽는다』에서 완성되었으며, 또한 『마르크스를 위하여』[32]에서 그것은 『자본론』의 저자만의 고유한 이론적 혁명을 규정하는 것을 목표로 한다. 예를 들어 로자 룩

---

32 이 내용과 관련해서는 특히 『마르크스를 위하여』(L. Althusser, *Pour Marx*) 서문의 2부 (pp. 23~32)와 2장 청년 마르크스에 대하여(pp. 47~83)를 참조할 것.

셈부르크나 안토니오 그람시와 같은 계보 속에서 1920년대에 출발한 노동자 운동의 어떤 흐름이 주장하는 것과는 반대로, 맑시즘은 인간주의도, 심지어 역사주의도 구성하지 않는데, 이는 바로 "맑시즘을 정초하는 그 유일무이한 인식론적 단절"[33] 때문이다. 고전 정치경제학의 전통, 철학적 인간주의의 전통, 그리고 헤겔 철학의 관념론적 교훈을 동시에 내버림으로써, 맑스는 새로운 과학, 역사 과학을 정초했을 뿐만 아니라, 『자본론』에서 제시된 "과학적 정초 행위 그 자체"에 의해 "새로운 철학적 장"을 열었다.[34] 따라서 간과할 수만은 없는 이론적 변형이라는 대가를 치르면서, 가스통 바슐라르에게서 빌려 온 단절 개념은 더욱 일반적인 방식으로 구성된 과학 그 자체와 이러한 과학의 선先역사 간의 근본적 구분의 표상을 지배한다.[35] 달리 말해서, 단절은 고유하게 말해진 과학과 이데올로기적 장 사이에서 실행되는바, 과학은 거부

---

33 L. Althusser, "L'objet du *Capital*", V, pp. 310~311 [「자본론의 대상」].

34 *Ibid.*, I, p. 247.

35 알튀세르에서의 인식론적 단절 개념의 복합적 위상 및 이 개념이 그의 연구의 발전 속에서 거치게 되는 중대한 굴곡들과 관련해서는 다음을 볼 것. Etienne Balibar, "L'objet d'Althusser", Sylvain Lazarus (dir.), *Politique et philosophie dans l'oeuvre de Louis Althusser*, Paris: PUF, 1993, pp. 81~116 [「알튀세르의 대상」, 『루이 알튀세르의 저작 안에서의 정치와 철학』]. 또한 Pierre Cassou-Noguès, "Coupure ou problème épistémologique : Althusser et Desanti", D. Pradell (dir.), *Penser avec Desanti*, Paris: TER, 2009 [「인식론적 단절 또는 문제: 알튀세르와 드장티」, 『드장티와 함께 사유하기』].

와 구별짓기의 양태 아래 이데올로기적 장에 입각해서 또는 반대해서 세워진다. 거부와 구별짓기는 어쨌든 이데올로기적 문제의 지속성을 배제하지 않는바, 그러한 이데올로기적 문제는 마치 과학이 계속해서 처분해야 하는 과학의 **타자**처럼, 그런 식으로, 설립된 과학을 떠나지 않는다.[36] 알튀세르의 단절 개념은 그 첫 번째 이론적 사용에서, 그처럼 **과학**과 **이데올로기** 사이의 구분의 이론을 세운다.

『자본론』의 저자에게서, 역사 과학의 구성의 토대에서 단절을 식별해 냄으로써, 알튀세르는 그 저작이 여전히 과거의 개념적 세계(고전 정치경제학, 철학적 인간주의, 헤겔의 변증법 이론)의 이데올로기적 잔재에 의해 특징지어지는 그런 맑스의 이론적 혁명에 적합하게 개념

---

36 1965년의 『마르크스를 위하여』에서 알튀세르는 "맑스주의 철학의 특수한 차이"를 구분하기 위해서 인식론적 단절의 범주를 소환하는바, 이는 "이론적 구성물들[철학적 이데올로기, 과학]의 역사 이론"에 대한 의존을 함축한다. 그리하여 그는 "과학 분과의 창설과 동시대적인 이론적 문제틀의 변환을 사유하기 위해 바슐라르에게서 '인식론적 단절' 개념을" 빌려 왔다고 적는다(서문, II, pp. 23~24). 몇 년 뒤에 『자기비판의 요소들』(1974)에서 "이론절대주의"(théoricisme)에 의해 표식된 자신의 옛 여정으로 되돌아오면서(그리고 이것을 비판하는데), 알튀세르는 정확히 밝힌다. "재인된 과학은 언제나 자신의 선역사로부터 벗어났으며, (그러한 선역사는 과학에게 늘 동시대적으로, 마치 과학의 타자처럼 늘 남아 있는바) 과학 자체의 오류나 거부의 양태 아래 — 바슐라르가 '인식론적 단절'이라고 불렀던 것의 양태 아래 — 한없이 그것으로부터 벗어나기를 계속한다. 나는 그에게 이러한 관념을 빚지고 있으며, 그에게 (언어의 유희 속에서) 그의 모든 예리한 칼을 주기 위해서 그것을 '인식론적 단절'이라고 불렀다. 그리고 나는 그것을 나의 첫 번째 시론들의 중심 범주로 만들었다."(op. cit., pp. 30~31.)

들을 윤곽짓고 "명명"하려고 노력한다. 그럼으로써 그는 라캉이 프로이트의 독해에서 따랐던 프로그램을 되풀이한다. 라캉은 특별히 프로이트적인 개념들, 무엇보다도 무의식 개념의 단독성을 강조하는 것을 목표로 했는데, 이는 프로이트의 어휘 자체 안에서 용어법적 잔상들에 분명히 기초하고 있는 생물학적이거나 심리학적 독해와 맞서 싸우기 위해서였다. 그리하여, "단절"을 강조함으로써, 정신분석과 맑시즘에서 아직 충분히 명시적이지 않은 과학성을 완전히 드러내려는 그 전반적 프로그램은 두 정초자들 각각에게서 "청년기 글들"과 "성숙기 글들"이라는 공통적인 분할에 도달하는 것처럼 보인다. 우리가 알고 있듯이, 알튀세르는 포이어바흐적인 "청년 맑스"와 『자본론』의 맑스 사이에 분할선을 긋는다. 라캉에 관해 말하자면, 그는 프로이트에게서 '자아'moi로서의 주체에 대한 모든 이해와의 단절, 1920년 두 번째 장소론을 완성한 결과로서 나온 결정적인 ——자아 심리학의 공식적인 지지자들에 의해서는 전적으로 잘못 이해된—— 이론적 단절을 고집한다. 더 일반적으로 "청년 프로이트"와 "성숙기"의 프로이트 간의 구분은 "프로이트로의 회귀"라는 라캉적 과정에 대해 알튀세르가 제시한 해석 안에, 즉 프로이트로의 회귀의 궁극적 목표는 "오늘날, 무의식과, 이것의 대상 전체를 형성하는 무의식의 '법칙들'을 가능한 한 엄밀하게 정의함으로써, 프로이트의 발견에 적합한 이론적 개념들을 제공하는 것"[37]이라는 해석 안에 분명하게 확증되어 나타난다는 사실에 주목해야 한다.

게다가 맑스로의 회귀와 프로이트로의 회귀는, 문제가 되는 것이
하부구조-상부구조 구분의 건축적 표상을 수반하는 맑스의 장소론이
건, 「자아와 이드」에서 제시된 프로이트의 (두 번째) 장소론이건, 장소
론topique의 개념에 놓이는 (고유한 재독해의 동의어인) 어떤 특별한 관
심을 분명하게 함으로써 계속되고 특정화된다. 전통적 독해와는 반대
방향으로, 알튀세르는 『정치경제학 비판을 위하여』[38]의 1859년판 서문
에 제시되어 나타나는 맑스의 장소론에 대한 기계론적 이해를 거부한
다. 법적·정치적 질서와 이데올로기 질서, 이 두 "단계"로 구성된 상부
구조는 [하부]구조(생산력과 생산관계의 조합으로 구성된 물질적 생산
영역, 또한 '하부구조' 혹은 경제적 '토대'로 통칭되는 영역)의 단순한 반
영이 아니다. 상부구조는 오히려 [하부]구조와 관련해서 **상대적 자율성**
을 부여받으며, 두 번째 구조에 의한 첫 번째 구조의 결정은 "최종 심
급"에서 실행되는 것처럼 이해된다. 따라서 「이데올로기와 이데올로
기적 국가장치」의 공식을 따를 때, 맑스의 장소론에 다름 아닌 저 공간
적 비유, 즉 "경제학은 아래에(토대), 상부구조는 위에 놓이는" 그러한

---

37 L. Althusser, "Freud et Lacan", *Positions*, pp. 15~20[「프로이트와 라캉」].
38 K. Marx, *Contribution à la critique de l'économie politique*, préface de 1859,
   Paris: Éd. Sociales, 1957, pp. 4~5[『정치경제학 비판을 위하여』].

비유는 "무엇보다도 경제적 토대에 의한 '최종 심급에서의 결정'을 표상하는 것을 목표로 한다." 따라서 그 비유는 "그 유명한 표현 ─ 경제적 토대 속에서 일어나는 것의, (상부구조의) '단계들' 안에서 일어나는 것에 대한 최종 심급에서의 결정 ─ 아래 익히 알려져 있는 효율성의 지표의 토대에 영향을 미치는 결과를 낳는다".[39] 하지만 지형학적 표상은 기계론적이고 일의적인 인과성의 실존을 의미하지 않고, 상부구조를 [하부]구조의 단순한 결과로 환원시키면서 상부구조로 향하는 그런 [하부]구조도 전혀 의미하지 않는다.

상부구조의 상대적 자율성이라는 독창적 이해는 상부구조에 대한 알튀세르적 개념 속에서도 마찬가지로 작용하며, 앞으로 보게 되겠지만, 그러한 그의 이해는 이데올로기와 이데올로기의 '무역사성'이라는 알튀세르의 고유한 이해의 토대가 된다. 라캉으로서는 두 번째 장소론 및 「쾌락 원리를 넘어서」 이후부터의 프로이트의 글들에 대한 독해로부터 정신분석을 자아의 이론으로 환원시키는 것에 대한 거부라는 결정적 쟁점을 만들어 낸다. 동시에 우리가 여기서 주목할 수 있는 점은, 문제가 되는 것이 심적 장치이건 사회구성체이건, 장소론이라는 인식론적 패러다임 ─ 다시 말해 다수의 심급들로 구성된 현실에 대한 공

---

39 L. Althusser, *I et AIE, Positions*, p. 75[「이데올로기와 이데올로기적 국가장치」, 『입장들』].

간적 표상 — 에 주어진 역할은, 알튀세르와 라캉에게서, 그 어떤 문자 그대로의 해석에도 적합하지 않은 발견적이고 지시적인 역할이라는 사실이다. 따라서 라캉에 따르면, 1923년의 "자아의 장소론"은 자아의 심리학적 규정을 심적 장치의 중심적이거나 중심화된 심급처럼 재활성화할 수 있는 물신주의적 독해의 대상이 되어서는 안 된다. 반대로 우리는 「프로이트적 사물」에서 다음의 내용을 읽을 수 있다. "프로이트가 자아의 장소론을 창조했을 때 [······] 그의 의도는 [······] 자아의 장과 그가 처음 발견했던 무의식의 장의 분리를, 그 두 장의 무의식적인 간섭 안에 이르기까지 철저하게 복구하는 것이었다. [이는] 무의식의 장과의 관계에서 자아의 장의 '가로막힌'en travers 위치를 보여 줌으로써 [진행된다] — 자아는 말 속에서의 그 고유한 의미작용의 우발적 결과들에 의한 무의식의 인정을 거부한다."[40]

만일 인식론적 단절의 개념이 고유하게 알튀세르적이라면, 알튀세르가 다시 취한 칸트의 구별 — 한 과학이 다른 과학들에게서 빌려 오는 개념들과 한 과학이 유기적으로 생산해 내는 개념들의 구별 — 을 따를 때 "~으로의 회귀"라는 개념 자체가 도입된importé 개념들

---

40 J. Lacan, "La chose freudienne, ou Sens du retour à Freud en psychanalyse"[1956], *Écrits*, p. 433[「프로이트적 사물 또는 정신분석 안에서의 프로이트로의 회귀의 의미」, 『에크리』].

을 내부적domestique 개념들로 변형하는 것을 의미하는 한에서, 라캉이 개시한 프로이트로의 회귀는 맑스로의 회귀의 모델 역할을 하는 것처럼 보인다. 알튀세르가 1963~64년 고등사범학교의 세미나 프로그램 중 했던 두 개의 강연 가운데 첫 번째 강연이 그 점을 명백히 하고 있다. 따라서 알튀세르는 문명이 프로이트의 발견에 대립시키는 이데올로기적 저항의 현대적 형태는 "프로이트가 자신의 글들에서 사용한 개념들과 그 개념들이 생각하도록 만든 내용 간의 부적합성"과 관련되어 있다고 설명한다. 다시 말해서, 정신분석의 근본적인 이론적 참신성과 무엇보다도 프로이트에게서 정신분석이 소개되는 데 사용되는 개념들, 즉 다른 학문들——정확히 "어느 정도는 다원적 영감을 받은 [……] 생물학적 이론", "물리학의 에너지 이론", "경제학 이론"——로부터 도입되고 빌려 온 개념들 간에 어떤 괴리가, 나아가 모순이 존재한다. 따라서 도입된 개념들의 내부적 개념들로의 "이론적 변형"의 절대적 필요성이 이해된다. 알튀세르는 그러한 이론적 변형이 오로지 "라캉의 출현"[41] 덕분에 이루어졌음을 강조한다. 그리하여 라캉은 도입

---

41 L. Althusser, *Psychanalyse et sciences humaines*, 1er Conférence, pp. 24~26[『정신분석과 인간 과학들』]. 또한, 과학 그 자체의 구성 안에서, 무엇보다도 정신분석 이론의 구성 안에서의 관건이 되는, 유입된 개념들의 내부적 개념들로의 변형이라는 바로 이 지점과 관련해서는 다음을 참조할 것. L. Althusser, "Freud et Lacan", *Positions*, pp. 13~15[「프로이트와 라캉」, 『입장들』].

된 개념들을 정신분석에 고유한 과학성의 확립에 필수불가결한 내부적 개념들로 이론적으로 변형시킨 고안자로 확실하게 나타나며, 그 다음으로 알튀세르는 새로운 과학의 구성 원리, 역사와 사회구성체들의 구성 원리의 인식론적 단절을 분명히 드러내기 위해서 그러한 변형을 맑스의 독해 속으로 옮겨 온다. 그러나 프로이트로의 회귀와 맑스로의 회귀 사이의 유비는 단지 형식적이라고 말해질 수 있는 방법의 차원에서만, 도입된 개념들의 내부적 개념들로의 "이론적 변형"의 차원에서만 기능하지 않는다. 유비는 정신분석과 맑시즘 각자의 이론적 대상들과도 마찬가지로 연관되며, 특히 맑스의 저작 속에서 알튀세르의 독해가 부각시켰거나 명명한 근본 개념들과 연관된다. 알튀세르 철학의 근본적인 어떤 범주들이 우선적으로 그 점을 증명한다. 역사 이론과 철학이라는 이중의 측면 아래, 맑스의 이론적 특수성을 완성하려는 계획을 위해 필요해진 그러한 범주들은 명시적으로 정신분석의 개념적 영역으로부터 빌려 온 것들이다.

중층결정

중층결정 개념은 알튀세르에 의한 맑스의 재독해가 포함하는 가장 독창적인 것으로서 핵심적 기능을 갖는다. 그것은 우선 헤겔적 변증법과 맑스의 고유한 변증법 ──다시 말해 역사적 과정의 "동력"으로서의 모순이라는 맑스의 구상 — 간의 이론적 구별 또는 비연속성의 실존이라는 이단적인 테제를 설립하는 데 있어서 요구된다. 그리하여 『자본론』의 두 번째 판본에 수록된 후기의 표현 — "헤겔에게는 그것[변증법]이 거꾸로 서 있다. 신비한 껍질 속에 들어 있는 합리적 알맹이를 찾아내기 위해서는 그것을 바로 세워야 한다." — 에서의 전통적 해석에 대한 비판을 지지하기 위해서, 중층결정 개념은 "모순과 중층결정"이라는 제목으로 『마르크스를 위하여』의 3장 안에 도입된다. 알튀세르에 따르면, 그와 같은 전도renversement는 문자 그대로의 의미가 아니라, 다만 지시적이거나 은유적인 의미에서 이해되어야 한다. 달리 말해서, 맑스에 의해 작동된 "전복"은 진정으로 전복이 아닌데, 왜냐하면 부정의 방식으로도 맑스는 이론적인 문제를 헤겔의 변증법 속으로 다시 가져오지 않기 때문이다. 헤겔에서 맑스까지 문제가 되는 것은 관념론에서 유물론에 이르는 두 극단 사이의 일종의 진동이 아니며, 한편으로는 이념에, 다른 한편으로는 경제나 물질적 생산 영역에 수여되는 우월성 사이의 대립도 아니다. 문제가 되는 것은 훨씬 더 근본적인데, 그것은 『자본론』에서 적용되었고 『마르크스를 위하여』에서 이론화된 인식론적 단절이 요청하는 개념 체계의 변화이다. 모순에 대한 헤겔적 개념화는 맑시즘 안에서 단순히 극복된 것이 아니다. 더 정확하게는 헤겔의 모순 개념을 정초한 개념들, 예컨대 **표현적 총체성**이나 본원적인 단순 단일성이나 부정의 부정, 혹은 소외와 같은 개념들과 맑스가

결정적으로 단절하는 한에서, 헤겔의 모순 개념은 맑시즘 안에서 삭제되었다.

헤겔적 판본 안에서 변증법은 단순한 모순의 원리에 의해 지배되는데, 이것은 주어진 본원적인 총체성의 내부에서 작용하면서 그 자체가 "유일무이한 내적 원리" 속에서 자신을 반영한다. 따라서, 그러한 변증법의 범주들을 역사적 생성에 대한 이해에 적용시키는 헤겔의 예를 따를 때, 자신의 전 문명과 역사와 함께 로마는 근본적인 단순한 하나의 원리, 즉 "추상적인 법률적 인격성" 속에서 자신을 반영하며, 이 원리는 자기 안에서 "스토아적 의식에 의해 표상되는 내적 모순을 불러낸다. "헤겔적 모순의 단순성은 한 민족의 내적 원리의 단순성의 반영, 다시 말해 물질적 실재의 반영이 아니라 가장 추상적인 이데올로기의 반영"[42]인 한에서, 단순한 모순 원리의 표상 위에 세워진 그러한 변증법의 개념화는 실제로 사변적이고 관념적인 철학과 분리될 수 없다. 따라서 헤겔의 변증법은 목적 개념의 지배를 받는 "역사 철학"[43]의 범위 안에 기입된다. 이것은 역사적 생성의 특징적인 불연속성과 분출들을 진정으로 사고하지 못하며, 여기서 생성은 시작 속에 언제나 이미 함축되어 있는 목적을 향하고 있다. 요컨대, 헤겔의 변증법적 방법

---

42 L. Althusser, *Pour Marx*, III, p. 102[『마르크스를 위하여』].

43 *Ibid.*, pp. 101~103.

은 그의 사변 철학과 분리될 수 없다. 그것은 총체성에 대한 동질적 총체성으로서의 주제화와 뗄 수 없게 연결되어 있으며, 그러한 총체성에서 차이화의 원리는 근본적으로 하나이고 내적이다. 그 결과 역사적 운동과 생성의 개념화 자체는 동시에 중심의 범주와 "원환들의 원환"의 범주의 지배를 받는 것으로 드러난다. 따라서 맑스의 고유한 개념화, 다시 말해 "지배적인"à dominante 구조에 따라 이미 주어지고 분절되는 **복합체 전체**, 주어진 사회 전체의 특징적인 형태를 구성하는 분절된 복합적 총체성에 대한 개념화는 알튀세르에 따르면 상기한 헤겔의 방법과 철학에 대립된다. 따라서 맑스의 그러한 개념화는 모순 원리의 복합적인 본성, 중층결정 개념 안에서 명확하게 작용하는 모순 원리의 복합적인 본성에 대한 정의를 도입한다. 실제로 맑스의 이론 속에서 "모순"(근본적이고 지배적인 모순)은, 이 모순이 그 안에서 실행되는 그런 "사회체 전체의 구조와 분리될 수 없고, 모순의 존재의 형식적 조건들 및 이 모순이 지배하는 **심급들** 자체와 분리될 수 없다"고 알튀세르는 설명한다. "따라서 모순은 그 자체 자신의 중심에서 그것들[모순의 형식적 조건들과 모순이 지배하는 심급들]의 영향을 받는다. 모순은 동일한 하나의 운동 속에서 결정하는 것이지만 또한 결정된 것이며, 모순은 자신이 활성화하는 사회적 구성의 잡다한 **층위들**와 잡다한 심급들에 의해 결정된다. 우리는 모순이 자신의 원리 속에서 **중층결정되어 있**다고 말할 수 있을 것이다."[44] 그 결과 본원적인 통일성이나 유일무이하고 동질적인 내적 원리의 표현적 총체성이라는 헤겔의 표상에 대립되는 구조들과 위계화된 차이들의 우선성, 또는 다수의 심급들의 우선성이 확증되어 나타난다. 저 다수의 심급들은 최종분석에서 그 가운데 한 심급이 다른 심급을 확실히 지배하지만, 고정되지도 않고 일의적이지도 않은 상호적인 결정 관계들에 의해 서로 연결되어 있다.

대체로 중층결정의 고유한 개념은 알튀세르의 해석에서, 그리고 맑시즘에의 적용에서, 역사와 사회 형성의 유물론적 이론을 첫 번째 목적으로 취한다. 우리가 강조했듯이 중층결정 이론은 단순한 모순이 아니라 복합적인 모순의 이론이며, 모순의 원리 혹은 모순들의 원리에 의해 얽혀 있는 비동질적인 **다수의 심급**들의 이론이다. 맑시즘적 변증법은 모든 모순을 중층결정의 모델에 맞춰 정의함으로써 모순 그 자체를 이질성, 다수성, 불연속성의 체제에 종속시키는바, 따라서 맑시즘적 변증법의 비非사변적인 차원이 이해된다. 중심화된 단순한 총체성이라는 헤겔의 개념을 변증법적 과정의 **출발점**으로서, 그리고 언제나 이미 주어져 있는 복합 구조로서 구조화되고 분절되어 있는 지배적인 복합체 전체라는 개념으로 대체하는 일은 어떤 개념화를, 즉 변증법의 **"구조적인 것"**이라고 말해질 수 있는 개념화를 함축하는 것처럼 보인다. 이러한 구조적 개념화는 다수의 심급들의 대립과 특수화의 놀이에

---

44 *Ibid.*, pp. 99~100.

부여된 설명적 기능에 의해, 본래적인 통일성과 단순 실체의 범주들의 상관적 축출에 의해 증언되며, 알튀세르는 맑스를 독서하면서 그러한 구조적 개념화를 목적 및 기원 개념들과 함께 분절되는 목적론적 유형의 개념화에 대립시킨다. 그와 관련해서, 우리는 구조 개념에 토대를 둔 그러한 변증법의 개념화가 **역사적 시간**에 대한 비非선형적이고 비非연속적인 정의와 공명한다는 것을 지적할 수 있다. 그리고 알튀세르는 『자본론을 읽는다』에서 바로 그러한 시간에 헤겔의 시간 개념을 대립시키는바, 헤겔의 시간은 **총체성**의 본질에 대한 반성으로서 시간은 곧 총체성의 실존이라고 전제된다. 실제로, 역사적 시간에 대한 그 두 개념화 사이의 대립은 전체 또는 총체성에 대한 두 가지 정의, 우선 **사회적 전체**tout social에 대한 맑스의 정의와 라이프니츠-헤겔의 정의 사이에서 만들어진 대립으로부터 분명히 추론된다.[45]

하지만 알튀세르의 중층결정 이론은 헤겔의 변증법이나 관념론적 유형의 "역사 철학"에 대한 거부를 유일한 목적으로 갖지 않는다. 그것은 또한 기계론적 표상에 대한 거부를 결과로서 낳는바, 기계론적 표상 자체는 형식적으로는 여전히 헤겔적인 복종의 표상이고, 자본과 노동의 모순이라는——결국 이 모순은 생산력과 생산관계의 대립의 놀

---

45 L. Althusser, "L'objet du *Capital*", *Lire le Capital*, IV, pp. 272~309(특히 pp. 280~281)[「자본론의 대상」, 『자본론을 읽는다』].

이를 통과하면서 경제적 토대에 속하게 될 것이다── 유일한 모순 유형의 표상이다. 사회적 전체의 구조를 구성하는 구별된 심급들의 **상대적으로 자율적인** 특징을 확증하는 앞서 언급한 텍스트가 밝히고 있듯이, 중층결정은 모순들의 존재를 포함하는데, 이 모순들은 특히 한편으로는 정세와 "정황들"에 속하지만 또한 다른 한편으로 **상부구조**에, 즉 법적이고 시민적인 제도들, 정체적 투쟁, 동시에 이데올로기에 속한다. 1917년에 러시아에서 일어난 혁명을 설명하기 위해 제안된 레닌의 "약한 고리" 이론이 특히 그 점을 드러내며, 이 이론은 중층결정 이론을 도입하는 데 사용되기 위한 것으로서 『마르크스를 위하여』에서 꽤 길게 상기된다.[46]

약한 고리 이론은 실제로 "계급의 근본적 모순의 **강한 중층결정**"[47]을, 나아가 자본과 노동 일반의 모순의 **강한 중층결정**을 증언하고 있다. 약한 고리 이론은 "예외"로서 러시아에게만 유일하게 타당한 게 아니라, 일반적인 인식론적 기능을 획득하며, 이때 예외는 규칙의 가치를 얻는다. 실제로 만일 단순하고 동질적인 모순이라는 헤겔의 주제화가, 복합적이고 탈중심화되었고 분절된 사회 전체의 구조라는 맑스적 개념화에 의해 거부된다면, 그때 자본과 노동 사이의 "'아름다운' 모순"

---

46 L. Althusser, *Pour Marx*, III, pp. 92~95 [『마르크스를 위하여』].
47 *Ibid.*, III, p. 103.

은 단순한 모순인 한에서 하나의 추상으로서 드러난다. 그러한 추상은 군중의 직접적인 정치적 투쟁의 질서나 동원의 질서 속에서 확실히 유용하다. 하지만 그것은 진정한 개념적 타당성pertinence이 제거된 것으로 드러나는데, 왜냐하면 본원적이라고 전제된 그러한 모순의 단순성 자체가 맑스의 이론을 ─『마르크스를 위하여』의 저자가 강조한 인식론적 단절을 대가로 헤겔주의로부터 해방된 그런 맑스의 이론을 ─ 헤겔주의로 다시 빠지게 만들기 때문이다.

맑스에 의해 모순과 중층결정 사이에 정립된 근본적 방정식은 결과적으로 "토대"에 의한 역사적 과정의 단순 결정이라는 **경제학적** 개념화를 무효화하는데, 이는 상부구조 및 상부구조에 속하는 모순들을 하부구조에 놓여 있는 본질적인 결정의 "현상"의 자격으로 환원시킴으로써, 뿐만 아니라 본질과 현상의 개념 쌍이 알튀세르가 맞서 싸웠던 전통 맑시즘 속에 잔류하는 헤겔적 범주들을 증언함으로써 이루어진다. 만일 맑스의 변증법 안에서의 모든 모순이 언제나 "중층결정된 모순"이라면, 그리고 중층결정이 모순의 우연적 양태가 아니라 필연적 양태라면, 이것이 의미하는 바는 **상부구조에 고유한 효력**이 실존한다는 것이다. 이는 마치 다른 관점에서 경제주의와 역사적 필연론의 목적론적 표상에 대립하는 정황들이나 역사적 정세의 고유한 효율성이 실존하는 것과 같다. 따라서, 알튀세르에 따르면 맑시즘의 근본적 이념은 다음과 같은 것이다.

"자본-노동의 모순은 결코 단순하지 않으며, 오히려 그러한 모순이 실행되는 장소인 구체적인 역사적 형태들과 정황들에 의해 언제나 특수화되어 있다. 상부구조의 형태들에 의해 특수화(국가, 지배 이데올로기, 종교, 조직화된 정치적 운동들 등등)되었거나, 내적이고 외적인 역사적 상황에 의해 특수화된 [……]."[48] 알튀세르가 맑스의 저작에서 분리해 내고 끄집어낸 중층결정의 이론은, 상부구조의 최종 심급에서 [하부]구조에 의한 결정이라는 일의적이고 기계론적인 해석을 금지한다. 차라리 경제주의에 대립해서, 맑스에게서, "모든 사회적 구성의 본질을 이루는 [하부]구조-상부구조의 복합체 안에서 **결정적 심급들의 관계에 대한 새로운 개념화**"를 읽어 내는 게 적합할 것이다. 이러한 개념화는 "한편으로는 **최종 심급에서 (경제적) 생산 양태에 의한 결정**을, 다른 한편에서는 **상부구조들과 그 특수한 효율성의 상대적 자율성**"[49]을 정립한다.

　다시 한 번 맑스의 장소론에 대한 알튀세르의 독해의 고유성과, 오로지 "최종 심급에서의" 결정의 고유성을 강조하는 게 좋을 것이다. 그러한 독해는 실제로 맑시즘 전통 자체 안에서의 노동 운동의 중요한 흐름들을 특징짓는 경제주의와 필연론적 기계론의 곤궁들을 분명하게 드러내는데, 그것은 무엇보다도 먼저 개량주의에 의해 깊이 영향을

48 *Ibid.*, III, p. 104.

49 *Ibid.*, III, p. 111.

받은 독일 사회민주주의이다. 알튀세르의 독해는 동시에 또 다른 흐름들, 예를 들어 스파르타쿠스 단원들과 로자 룩셈부르크의 혁명적인 정치적 의지주의에 의해 재현되는 고유한 역사주의와 인간주의를 거부한다. 하지만 그의 독해는 또한 더욱 특별하게 이론적인 장 위에서 **상부구조의 고유한 효율성**이라는 테제에 도달하는데, 이 테제 덕분에 "상부구조는 구조의 순수한 현상"이 아니라 오히려 "구조의 존재 조건이 된다".[50] 이 테제는 맑시즘 안에서의 반영 또는 반향이라는 고전적 개념화와 단절하면서 고유하게 알튀세르적인 **이데올로기 이론**과 이데올로기 이론의 필연성을 정초한다.

알튀세르의 중층결정 이론의 근본적인 세 번째 목표는 결국 그 이론이 주장하는 유산과 깊이 관련되어 있다. 그 유산은 다름 아닌 **언어학과 정신분석** 및 이 두 분과학문의 교차의 유산이며, 라캉의 이론이 바로 그러한 교차의 일종의 종점을 구성한다.

알튀세르는 중층결정이라는 용어를 "다른 학문들에서 빌려 왔다"[51]고 명시하는데, 그 용어의 선택은 사실상 맑스적 모순이 헤겔적 모순으로 환원불가능하다는 사실을 강조하는 것만을 겨냥하지 않는다. 그것은 맑스의 변증법이 두 가지 테제 ── 한편으로 상부구조의 고

---

50 *Ibid*, VI, 5, p. 211.

51 *Ibid*, III, p. 100.

유한 효율성의 테제와 다른 한편으로 **최종 심급에서의 결정**이라는 테제 ── 를 동시에 포함하는 한에서 맑스의 변증법이 지닌 독특성을 설명하기 위한 기능도 가진다. 사람들이 변증법의 구조적 이론이라고 불렀던 것에 의해 중층결정이 지배되는 한에서, 겉으로 보기에는 양립할 수 없는 그러한 두 테제의 심오한 연관성이 중층결정의 개념 안에서 정확히 읽힌다. 이 동일한 이론은 **탈중심화된** 구조로서, 그리고 **"지배적인"**à dominante 분절된 복합체인 한에서의 전체가 각각의 단독적 모순 안에서 반영된다는 것을 함축하며, 그러한 자격에서 **중층결정된 구조**를 규정하는 게 좋다는 것을 함축한다. 중층결정된 구조 자체가 분절된 복합체 전체 안에서의 자신의 고유한 상황을, 다시 말해 자신의 "존재 조건들"을 반영하기 때문이다. 필연적으로 중층결정되어 있으며 그 특수성 자체에서 고려된 모든 모순의 내부에서, 그러한 모순의 "존재 조건들"이, 다시 말해 사회적 전체의 특징적인 "지배적 구조", 최종 심급에서의 [하부]구조에 의한 결정이 반영된다. 그리하여 우리는 『마르크스를 위하여』에서 다음의 내용을 읽을 수 있다. "모순 자체의 내부에서의 모순의 존재 조건들의 반영, 각각의 모순의 내부에서의 복합체 전체의 통일성을 구성하는 지배적인 분절 구조의 반영, 바로 이것이 맑스 변증법의 가장 심오한 특징이며, 이것이 내가 예전에 '중층결정'이라는 개념으로 포착하려고 시도했던 것이다." 그리고 이 텍스트에 덧붙여진 주석은 중층결정 개념이 맑스 이론의 장 안으로 도입되기 전에 그 개념의 기원을 명시하고 있다. "나는 이 개념을 주조하지 않았다. [……] 나는 실존하는 두 분과학문인 언어학과 정신분석에서 그것을 빌려 왔다. 그 개념은 그 두 학문에서 변증법적인 객관적 '내포'connotation를 소유하고 있으며, 특히 정신분석에서, 그 개념은 여기서 지시하는 내용과 형식적으로 매우 연관성이 깊은 그런 내포를 소유하고 있다. 그러므로 그 개념을 빌리는 것은 자의적인 것이 아니다. [……] 뿐만 아니라 그러한 '깊은 연관성'은 역으로 정신분석적 현실에 접근하는 것을 허락할 수 있을 것이다."[52]

중층결정에 상응하는 특수한 메커니즘이 기술되어 나타날 때, 언어학적이고 정신분석적인 기원이 새롭게 확증된다. 알튀세르에 따르면, 실제로 모순-중층결정의 맑시즘적 개념화는 사회적 구조에 내재하는 변증법적 놀이jeu 속에서의 상반된 것들의 변형과 융합을 해명한다. 그러한 변증법적 과정을 정의하기 위해서는, **전위**와 **압축**의 범주들을 개입시키는 것이 적절하다. 따라서 상반된 것들의 동일성의 원리는 다음과 같이 이해된다. "1/ 결정된 조건들 속에서 상반된 것의 다른 것의 자리로의 이행, 모순들과 모순들의 국면들 간의 역할 변화 (우리는 이러한 대체 현상을 **전위**라고 명명할 것이다) ; 2/ 실재적 통일성 안에서의 상반된 것들의 '동일성' (우리는 이러한 '융합' 현상을 **압축**이라고 명

---

52 *Ibid.*, VI, 5, pp. 212~215와 n. 48, p. 212.

명할 것이다)."[53]

변증법적 과정의 작업 속에서, 지배들은 전위되고 모순들은 압축된다. 그런 의미에서 그 작업은 프로이트의 꿈의 이해 안에서 "꿈 작업"과 유비적이다. 실제로 프로이트는 꿈 사고의 명시적 내용으로의 변형에 내재하는 메커니즘을 규정짓기 위해, (알튀세르가 다시 붙잡고 주제화하기 전에) 마찬가지로 비非일의적이며 다수적인 결정이론인 무의식의 형성들의 **중층결정** 이론 전반과 관계하면서, 우선적으로 **전위**와 **압축** 개념들을 사용한다. 예를 들어 히스테리 증상들처럼 무의식의 형성은 단 하나의 의미작용의 망이 아니라 여러 의미작용의 망들에서 유래하는데, 게다가 바로 이러한 내용을 문제가 되는 증상들의 산출 원리에 따른 심적 갈등의 존재에 대한 프로이트의 이론이 함축하고 있다. 그처럼 갈등은 본능의 두 심적 체계에서 유래한 상반된 두 욕망 —무의식 체계에서 유래한 욕망과 전의식 체계에서 유래한 욕망 —사이에서 행해진다.[54]

1900년 즈음『꿈의 해석』에서의 꿈의 특수한 경우에 대한 프로이트의 이론화 작업은 무의식의 일반 가설에 대한 최초의 체계적 완성

53 *Ibid.*, VI, 5, pp. 216~217.

54 S. Freud, *L'interprétation des rêves [Die Traumdeutung]*, Paris: PUF, 1967, chap. 7, III, p. 484 [『꿈의 해석』, 김인순 옮김, 열린책들, 2004].

과 심적 장치의 다양한 심급에 대한 최초의 공간적 혹은 "지형학적" 표상과 일치하는데, 그러한 꿈의 특수한 경우는 그 이해에 있어서 중층 결정의 개념에 대한 의존을 포함한다.『꿈의 해석』6장에서 프로이트는 곧바로 접근할 수 있지만, 상형문자의 형태로 제시되는 내용인 "꿈의 명시적 내용"과 잠재적 사고이며 꿈 내용이 그 전사傳寫가 되는 "꿈 사고"를 구분한다. 명시적 꿈 내용과 꿈 사고의 그러한 구분은 "동일한 사태에 대한 다른 두 언어에 의한 두 가지 제시"에서 작동하는 구분과 비교될 수 있으며, 꿈의 해석은 명시적 내용의 상형문자적 기호들을 "꿈 사고의 언어"로 번역하는 것을 포함한다. 그런데 프로이트에 따르면, "꿈 내용의 각 요소는 꿈 사고 안에서 여러 번 표상되는 것처럼 **중층결정**되어 있다."[55] 꿈 내용에 내재적인 그러한 중층결정, 혹은 복합 결정은 실제로 "압축 작업"의 결과인데, 이것은 꿈이 **탈중심화**된 것으로 나타나게 하는 "전위 작업"과 결합하여 꿈 형성에 기여한다. 프로이트가 "단어들이나 이름들에 적중될 때 특별히 감지된다"[56]고 말하는 압축 과정은 외양상 단순하게 보이는 꿈 내용과, 이 꿈 내용과 연합하고 있는——그리고 꿈 내용이 그것의 전위가 되는——수많은 잠재적 사고 간의 불균형이나 불균등을 전제로 한다면, 반대로 전위는 **탈중심**

55 *Ibid.*, chap. 6, pp. 241~246.
56 *Ibid.*, chap. 6, I, p. 257.

화 과정을 포함한다. 꿈에서 명시적 내용이 문제가 될 때, 그 중심은 꿈 사고의 중심과 같지 않으며, 꿈 사고의 본질적인 것은 꿈 내용 안에서 종종 나타나지 않는다. "꿈 형성 과정에서 강력한 관심을 적재한 요소들이 마치 미약한 가치만을 가진 것처럼 취급될 수 있고, 꿈 사고에서 거의 중요하지 않은 다른 요소들이 그 자리를 대신한다."[57] 따라서 **압축과 전위**는 꿈 사고의 변형의 두 과정이다. 이것은 "심리 내적 방어의 검열" 효과 아래에서 일어나는데, 그런 식으로 꿈이 유래하는 무의식적 욕망을 알아볼 수 없게 만든다. 심적 강도들의 전이transfert와 전위 déplacement를 보장함으로써, 압축과 전위는 "꿈 형성을 주로 담당하는 두 명의 공장장이라고 볼 수 있다."[58]

우리는 다음에 주목하게 될 것이다. 언어학 모델, 꿈과 상이한 언어들로 쓰인 텍스트와의 비교는 프로이트의 독창적인 저서 안에서 중요한 인식론적 역할을 한다는 사실이다. 그런데 압축과 전위라는 프로이트의 범주들은 20세기의 몇몇 언어학 이론가들에 의해 명시적으로 반복되는데, 특히 로만 야콥슨은 『일반언어학 시론』에서 그러한 심적 과정들[압축과 전위]과 언어학적 의미작용의 근본적인 메커니즘에 특징적인 두 수사기법들, 즉 은유와 환유를 접근시킨다.[59] 그런데 우리는

---

57 *Ibid.*, chap. 6, II, p. 264.
58 *Ibid.*, chap. 6, II, pp. 265~266.

라캉이 프로이트 이론을 재독해하는 중에 구조주의의 흐름에 의해, 특히 클로드 레비-스트로스의 구조 인류학의 이론적 성과들에 의해 매우 강하게 영향을 받았다는 사실을 알고 있다. 클로드 레비-스트로스는 언어학 속에서 — 정확히 페르디낭 드 소쉬르의 연구에서 출발해서, 그리고 언어활동의 **무의식적 구조**들의 존재를 가정함으로써, "가장 위대한 발전을 성취했던"⁶⁰ 그런 "사회 과학" 속에서 — 자신의 인식론적 모델을 발견했던 사람이다. 바로 그것이 라캉의 유명한 명제, "무의식은 언어처럼 구조화되어 있다".⁶¹가 곧바로 제안하는 것이다. 동일한 명제가 또한 프로이트의 텍스트들에 의해 타당성을 얻는데, 그 가운데 『농담과 무의식의 관계』와 『꿈의 해석』의 6장이 있다. 후자의 텍스트

---

59 이 점과 관련해서는 J. Laplanche와 J.-B. Pontalis의 *Vocabulaire de la psychanalyse*[1967](Paris: PUF, 2002, pp. 117~120)[『정신분석 사전』, 임진수 옮김, 열린책들, 2005]의 "전위" 항목의 도입부를, 동시에 Roman Jakobson의 *Essais de linguistique générale*, Paris: Éd. de Minuit, 1963, chap. 2, 특히 pp. 65~66[『일반 언어학 시론』]을 참조할 것.

60 Claude Lévi-Strauss, *Anthropologie structurale* [1958], en particulier le chapitre II, Paris: Pocket, Agora, p. 43[『구조인류학』].

61 J. Lacan, *Les quatres concepts fondamentaux de la psychanalyse*, XII(Séminaire, XI, 1964), Paris: Le Seuil, Point, 1990, p. 167[『자크 라캉 세미나 11-정신분석의 네 가지 근본 개념』, 맹정현, 이수련 옮김, 새물결, 2008]. 그러한 명제가 동시에 라캉의 고유한 관점 속에서, 과학으로서, 즉 무의식의 과학으로서 정신분석의 구성을 위해 요구된다는 점을 명시하자(*ibid.*, XVI, p. 227).

에서 꿈은 "그림수수께끼"rébus와 비교되어 나타나고, 꿈 내용의 상형 문자들은 "이미지들"로서가 아니라 반대로 "그 관습적 의미작용에 따라" 읽어야 하는 "기호들"에 비교되어 나타난다.[62]

　　그로부터 정신분석과 언어학의 어떤 결정적인 접근이 일어나는데, 게다가 그러한 접근은 라캉에 의한 정신분석과 심리학의 분리를 정립한다. 이러한 일반적 구도 안에서 라캉은 동시에 압축과 전위라는 프로이트의 범주들과, 앞서 언급한 언어학적 범주들 간에 놓인 유비를 자기편에서 새롭게 붙잡는다. 『에크리』의 저자에 따르면, 사실상 무의식에 이르는 "왕도"를 구성하는 프로이트의 꿈의 이론은 "담화의 문자"에, (그 어떤 "상형문자 기호학"으로도 환원될 수 없는) 꿈의 특징적인 상형문자적 글쓰기의 "쓰기 구조"structure littérante에 부여되는 우선성에 의해, 달리 말해서 **기표**와 기표의 법칙들에 부여되는 우선성에 의해 전적으로 지배받는다. 꿈 사고와 꿈 내용의 관계를 특징짓기 위해서 프로이트가 상기시킨 전치transposition는 "기표 아래에서의 기의의 미끄러짐"이라는 소쉬르 이론의 프리즘을 통해 이해된다. 그리고 언어학의 영향을 받는 그러한 구조주의적 프리즘을 통해서, 라캉은 꿈의 형성 원리로서 압축과 전위의 근본 메커니즘을 이해한다. 그 "기의에 대한 기표의 효과의 두 측면"은 라캉에 의해 명시적으로 환유와 은

---

62 S. Freud, *L'interprétation des rêves*, chap. 6, pp. 241~242[『꿈의 해석』].

유와 동일시된다.[63] 따라서 주체의 **욕망** 원리 자체에 의한 기표와 기표의 **연결**connexion으로서 정의된 환유 구조와, **징후**의 원리에 의한 기표와 기표의 **대체**substitution로서 정의된 은유 구조는 "원초적" 또는 "본능적"으로 환원될 수 없는 프로이트의 무의식의 근본 법칙들을 특징짓는바, 그 법칙들은 "타자의 담화"[64]인 한에서의 기표의 법칙들 그 자체이다.

라캉에게서, 구조주의 언어학의 프리즘을 통한 전위와 압축의 특징짓기는 프로이트 이론의 대상에 대한 지성적 접근을 가능하게 하는 것을 목표로 하는바, 이는 그 특별한 인식론적 중요성을 강조하는 「프로이트와 라캉」에서 다시 나타난다. 그것은 실제로 프로이트가 무의식 개념을 만들어 내는 데 있어서 "기표의 구성적 역할"의 척도가 되는데, 라캉은 오랫동안 오인되었던 그 역할을 분명하게 드러내기 위해 열중한다. 게다가 중층결정 개념에 대한 분명한 참조를 볼 수 있는 1953년의 로마 회의의 보고서의 전반적 내용이 바로 그러한 관점에서 기록되어 있다. 즉 그것은 자아의 방어 기제에 대한 연구나 "개인 발달의 이른바 유기적 단계들" 이론과 단단히 결합되어 있는 제도적 정신분석

---

63 J. Lacan, "L'instance de la lettre dans l'inconscient ou la raison depuis Freud" [1957], *Écrits*, pp. 509~511 [「무의식 안에서의 문자의 심급 또는 프로이트 이후의 이성」, 『에크리』].

64 *Ibid.*, pp. 515~528.

의 변용들에 반대하면서, 언어 및 언어의 결합 구조의 고유한 상징적 질서에 무의식을 지정하는 관점이다. 『꿈의 해석』안에 제시된 꿈의 이론에 대한 참조가 이해되는 것은 분명히 그러한 이론적 투쟁의 맥락 안에서, 프로이트의 텍스트 자체로의 "회귀"를 함축하는 그런 맥락 안에서다. 꿈은 특별히 프로이트적인 개념화 속에서 "문장의 구조를, 더 정확히 [……] 그림수수께끼의 구조, 다시 말해 글쓰기의 구조를 가진다". 따라서 꿈의 "수사학"은 실존하며, "통사적 전위들", "의미론적 압축들"에 근거해서 만들어지는 꿈의 가공은 그러한 비유들에, 다른 무엇보다 은유, 환유, 제유에 호소한다. 무의식 형성에 대한 일반적인 "언어학적" 이해는 또한 증상에 대한 정의에, 즉 증상 그 자체가 중층결정되어 있는 한에서 "그 자체가 언어처럼 구조화되는" 것이라는 증상에 대한 정의에 도달한다.[65]

결과적으로, 꿈과 무의식 일반의 정신분석 이론에 대한 라캉의 언어학적인 다시 붙잡기의 근본적 목적은, 정신분석 이론이 구성적으로 중층결정 개념을 포함하는 한에서, 프로이트의 발견이 ─바로 이것의 과학성에 의한 요구 때문에─ 프로이트적 무의식의 특수성을 오인하는 "생물학주의"나 실험 심리학, 심지어 (특히 융적 의미에서의) 원형들의 심리학의 용어들로 이해될 수 없다는 점을 강조하는 것이다.

65 J. Lacan, "Fonction et champ de la parole et du langage en psychanalyse"[1953],

그리고 이번에도 정신분석에서의 라캉의 절차와 맑시즘의 영역 안에서의 알튀세르의 행보 간의 유사성이 두드러지는바, 알튀세르는 맑시즘을 경제주의와 휴머니즘 모두로부터 분리시키는 것을 목표로 하고 있으며, 그러한 목적을 위해 특히 중층결정의 프로이트적 범주와 정위 개념 및 중층결정 개념들에 의지한다. 우리가 라캉에게서 프로이트적 발견의 역사적 오인은 "과학적 성숙"의 층위들 안에서 프로이트적 발견의 대상 자체(프로이트가 처음 이것을 말하는 순간에는 아직 전개되지도 사용될 수도 없었던 언어학 이론의 결과들과, 그 형성을 예측하고 있었던 그런 프로이트적 발견의 대상)와 프로이트의 발견이 이해될 수 있도록 제공되는 용어들 간의 괴리에 기인한다는 것을 생각할 수 있다면, 그러한 유사성은 계속 이어진다.[66] 로마 회의 보고서의 토대가 되는 관점 속에서, 프로이트 텍스트로의 회귀는 프로이트의 용어 사용의 총체적 재주조를 함축하거나, 이것이 아니라면, 적어도 정신분석과 인류학의 용어들의 접근을 함축한다. 그때의 인류학은 무의식의 귀결들이기도 한 조합의 놀이의 언어학적 모델에 의해 인도되는 구조적 유형의 인류학이다. 라캉에 의한 프로이트의 꿈의 이론의 새로운 포착과 전위

Écrits, pp. 267~269 [「정신분석에서의 말과 언어의 기능과 장」, 『에크리』].

66 J. Lacan, "L'instance de la lettre dans l'inconscient ou la raison depuis Freud", *Écrits*, pp. 512~513 [「무의식 안에서의 문자의 심급 또는 프로이트 이후의 이성」, 『에크리』].

와 압축 기제에 대한 특별한 분석은 (확실히 레비-스트로스의 연구들의 영향을 받아) 정신분석을 언어학과 구조 인류학처럼 "인문" 과학의 영역에 접근시킴으로써, 결정적으로 정신분석과 심리학 사이에 엄격한 경계선을 그리는 데 기여한다. 그런데 정확히 그러한 정신분석의 탈심리학 프로그램, 정신분석이 구조주의적 유형의 접근법의 지배를 받는 통칭 인문과학들과 갖는 관계에 대한 질문이 우선적으로 알튀세르의 관심을 끌었으며, 그것이 그가 1963~64년 세미나에서부터 정신분석 이론에 할애한 연구들의 핵심적인 동기를 구성한다.

징후적 독해

징후적 독해는 맑스의 저작에 대한 고유한 철학적 독해를 위해 필수적인 방법처럼 제시되며, 알튀세르와 그의 제자들에 의해 『자본론을 읽는다』에서 추구되었다. 맑스의 잠재적 철학은 『자본론』이 개시한 역사적 유물론의 새로운 과학 안에 은연중에 나타나고 있으며, 따라서 징후적 독해는 맑스의 그런 잠재적 철학을 드러내 밝힌다는 계획에 있어서 본질적 도구가 된다. 가장 전반적인 제목 아래, 그와 같은 방법은 맑스 사상의 결정적인 어떤 개념들 ── 맑스의 체계에 의해 요구되었으나 그의 명시적 용어들과 담화 속에는 부재하는 그런 개념들 ── 을 밝히고 명명할 수 있게 한다. 이러한 개념들의 제1열에 "요소들에 대한 구조의 효율성", 즉 **구조적 인과성**의 개념이 나타나는데, 이것은 중층 결정의 개념을 마찬가지로 함축하고 있다. 우리는 이것으로 다시 돌아올 것이다.

맑스의 암묵적 철학의 문지방으로 정확히 인도해야 하는 철학적 독해의 첫 번째 목적은 다음과 같다. 문제가 되는 것은 맑스의 **특수한 대상** 및, 이 대상과 관계된 **담화**를 동시적으로 구분해 내는 것이다.[67] 따라서 관점은 언제나 맑스가 시작했던 (포이어바흐만큼이나 헤겔에 대해서, 하지만 스미스와 리카르도에 대해서도 행해졌던) 인식론적 단절을, 맑스의 발견의 과학적 위상으로서 분석하고 시험하는 것으로 이루어진다. 그런데 그러한 대상과 이 대상과의 관계를 확인하는 것은 맑스의 텍스트 자체, 정확히 『자본론』으로의 독특한 회귀를 전제한다. 그러나 그러한 회귀는 "순진무구한innocent 독서"로 이루어질 수 없다. 즉 문제가 되는 텍스트 안에서 일의적인 의미의 현현을 추구하고 발견하는 독서, 그 결과 진리가 그 자체, 본질적 투명성 속에서 보이게끔 직접적으로 자신을 내어 주는 대신에, 기록되거나 말해진, 또는 확인될 수 있는 담화의 신화로 다시금 인도되는 그런 독서[로 이루어질 수는 없다는 말이다]. 독해의 종교적 개념화는 주체에게서 유래하는 보는 행위

---

67 L. Althusser, "Du *Capital* à la philosophie de Marx", *Lire le Capital*, p. 4~5[「자본론에서 맑스의 철학으로」, 『자본론을 읽는다』].

에 동화된 읽는 행위의 시각성에 근거하듯이, 진리의 드러남의 목적론적 표상에 근거하는바, 알튀세르는 그러한 독해의 개념화에 전적으로 다른 독해를 대립시키는데, 그는 이것을 바로 맑스에게서, 그리고 니체와 프로이트에게서 계승받았다고 단언한다. 명시적으로 "유죄의" coupable 독해를 끌어들이는 알튀세르의 독해는 "말과 청취의 순진무구함 아래에서 두 번째 것, 완전히 다른 담화, 무의식의 담화의 할당가능한 깊이를 발견"[68]하는 한에서 모든 담화와 모든 "말하고자 하는 것"의 구성적인 모호성을 단언한다. 무의식의 담화 개념에 대한 그러한 참조는 분명히 결정적이다. 그것은 프로이트의 이론을 끌어들이는데, 이것은 무엇보다도 꿈의 이해를 수수께끼 그림처럼 이해하도록 제공되며, 필연적으로 중층결정된 꿈의 의미작용에 대한 분석이 꿈 해석의 대상이 된다. 그러나 무의식 담화에 대한 [알튀세르의] 참조는 동일한 프로이트 이론에 대한 라캉의 새로운 포착과 반향을 이루는데, 왜냐하면 무의식의 담화 개념은 정신분석의 고유한 영역 안에서 "말과 언어의 기능"을 강조하는 라캉의 전략에서 특별한 역할을 담당하기 때문이다.

사실상 맑스의 독해에서 "무의식의 담화"의 정신분석적 개념을 재활성화한다는 것은, 알튀세르에게 있어서 라캉에게 진 부채에 대한 주목할 만한 인정의 기회가 된다. 이론의 영역 안에서 지워진 부채

68 *Ibid.*, pp. 6~7.

는 『자본론을 읽는다』가 출간되었던 때인 1965년에 다음과 같이 진술된다. "오늘날 우리의 프로이트 독해를 뒤흔들었던 결과는 오랜 고독의 시간 동안 이루어진 라캉의 집요하고 명철한 이론적 노력 덕분이다. 라캉이 우리에게 주었던 근본적으로 새로운 것이 공적 영역 안으로 진입하기 시작할 때, 각자 자기만의 방식으로 그것을 이용할 수 있고 이득을 취할 수 있을 때, 나는 예시적인 강독 수업 ─ 앞으로 보게 되겠지만 이 수업은 몇몇 결과들에 있어서 기원에 있는 프로이트의 대상을 넘어선다 ─ 에 대한 우리의 부채를 인정하기를 바란다. 나는 '재단사의 노동이 의복 속에서 사라지지 (않게)'(맑스) 하기 위해서 ─ 그것이 우리의 것이라고 할지라도, **공적으로** 그러한 부채를 인정하기를 바란다."[69] 물론 그러한 부채의 인정에 애매함이 없는 것은 아닌데, 왜냐하면 그 인정은 부인의 방식에 근거하는 알튀세르에 의한 라캉 사유의 포획captation이라는 가정을 수반하고 있기 때문이다. 마치 라캉의 진리가 프로이트에 대한 새로운 독해에만 놓이는 게 아니라, 더 광범위하게는 프로이트의 "기원의 독해" 너머에서 『자본론을 읽는다』의 저자들에 의해 인도된 맑스에 대한 독특한 독해 안에도 놓이는 것처럼 말이다.

그렇지만 어쨌든 그 마지막 독해가 "징후적 독해"라는 명명 아래,

69 *Ibid.*, p. 7, n. 1.

프로이트적이고 라캉적인 기원을 분명하게 인정하고 있다는 것은 사실이다. 뿐만 아니라 알튀세르는 「프로이트와 라캉」에서 정신분석의 장 안에서의 라캉의 언어학적 절차에, 그리고 무의식의 형성물들에 대한 라캉의 개념화에 찬사를 보냈다. 무의식의 형성물들에 관해 말하자면 그것들은 농담, 증상, 말실수 등으로서 이것들은 "침묵 속에서 이중화하는 무의식적 담화들의 연쇄 속에 기입된 **기표들**, 다시 말해 '억압'의 불인지 속에서 인간 주체의 언어 담화의 연쇄를 약화시키는 목소리와 동일시된다."[70]

그러한 측면에서 그런 정신분석의 영향이, 알튀세르에 따르면 맑스의 저작 안에서 식별될 수 있는 또 다른 기원과 결합한다는 사실은 더욱 뚜렷이 확인된다. 다시 말해 알튀세르의 절차는 놀라운 반성 과정을 따르면서, 맑스 자신의 텍스트에 특정한 유형의 독해를 적용시키는 것을 목표로 한다. 이 독해는 맑스가 자신의 책 『자본론』에서 고전 정치경제학의 이론가들, 특히 애덤 스미스와 리카르도의 **가치** 일반에 대한 질문에 할애된 텍스트들에 질문할 때 정확히 의존했던 독해이기도 하다. 맑스가 제안한 정치경제학에 대한 "독해의 매뉴얼"은 이것이 **이중의 독해** —— 우선 단순하게 문자적인 독해와, 첫 번째 담화의 불연속성이나 그것의 직조 속의 흠집 속에서 잠재적인 결과들을 식별해

---

70 L. Althusser, "Freud et Lacan", p. 23 [「프로이트와 라캉」].

내는 2차적 독해 ──로 이루어지는 한에서 독해에 대한 종교적 신화와 결별한다. 따라서 이 최종적 독해는 직접적으로 읽히는 것 안에서 읽힐 수 없는 것(또는 말해지지 않은 것)을 노출시키고 고전 경제학자들의 "과오"를 구분해 내기에 이른다. 그들의 과오는 그들이 보고 있는 것, 즉 **노동력의 가치의** 결정적 기능을 놓치고 있다거나 보지 못한다는 데 있다. 즉 그것은 스미스와 리카르도가 이를테면 "가치 일반"에 대한 분석에서 "노동 가치"라는 환영적 개념으로 대체하면서, 그들 스스로 알지 못한 채 가리키고 있는 것이다.[71] 그처럼 맑스에 의해 인도된 2차적 독해는 텍스트나 담화의 가시적인 연속성이 아니라, 오히려 그것의 **결함들, 공백들, "백지들"**에 본질적으로 주의하는 독해로서 드러난다. 결함들, 공백들, 백지들은 무의미하기는커녕, **실수**lapsus의 방식으로, 틈brèche들을 구성하는데, 이 틈들을 통해서 의미의 일의성의 신화 위에 세워지는 "첫 번째" 독해에서는 들을 수 없는 2차적 담화가 주어지고 들린다. 결과적으로 그러한 2차적 독해는, 알튀세르가 제시하는 정의 속에서 징후적 독해라는 명칭을 얻는다. "맑스의 2차적 독해는 이러한 것이다. 우리는 그러한 독해를 '**징후적**'이라고 과감히 말할 것인데, 이는 동일한 운동에 의해 그 독해가 읽고 있는 바로 그 텍스트 안에서

---

71 L. Althusser, "Du *Capital* à la philosophie de Marx", pp. 11~13[「자본론에서 맑스의 철학으로」].

드러날 수 없는 것을 드러내고, 그 드러날 수 없는 것을 첫 번째 독해에 서는 필수적 부재의 현전일 수 있는 그런 또 다른 텍스트와 관계시키는 한에서 그렇다. 마치 맑스의 첫 번째 독해처럼 그의 2차적 독해는 실로 두 텍스트의 존재를 전제하고, 두 번째 텍스트에 의한 첫 번째 텍스트의 정도mesure를 전제하는 것처럼 보인다. 하지만 과거의 독해로부터 그러한 새로운 독해를 구분시키는 것은, 새로운 독해 속에서, 2차적 텍스트가 첫 번째 텍스트의 실수들 위에서 구성된다는 사실이다. 다시 한 번 거기서, 적어도 이론적 텍스트들(그것의 독해에 대한 분석이 여기서 문제가 되는 그런 유일한 텍스트들)에 고유한 양식들에서 두 가지 효과portée에 대한 동시적 독해의 필연성과 가능성이 나타난다."[72]

맑스로부터 상속받은 독해의 매뉴얼, 『자본론』의 텍스트의 이해를 위해 알튀세르에 의해 다시 사용된 그런 독해의 매뉴얼에 대한 특징 부여는 정신분석적 장에서 분명하게 유래하는 범주들을 소환하는 바, 그 범주들 가운데 가장 선두에 말실수와 징후의 범주들이 모습을 나타내며, 이것들은 동시에 무의식의 형성물들을 가리킨다. 그러나 더욱 근본적으로, 맑스의 "방법"에 대한 묘사는 꿈 작업에 내재하는 메커니즘들에 대한 분석을 위해 프로이트가 『꿈의 해석』에서 적용시켰던 방법을 떠오르게 한다. 두 텍스트가 실존한다는 가정, 2차적 텍스

---

72 *Ibid.*, pp. 22~23.

트가 첫 번째 텍스트의 정도를 제공하는 그런 두 텍스트의 가정은 전사transcription에 대한 프로이트의 주제화, 즉 꿈의 명시적 내용이 상형문자적 형태 속에서 해석을 요청하는 방식으로, 꿈의 잠재적 사고를 표현하는 그런 전사에 대한 프로이트의 주제화 속에서 분명히 기능하고 있지 않은가? 그리하여 "꿈 사고와 꿈 내용은 우리에게 동일한 사태에 대한 상이한 두 언어에 의한 제시처럼 우리에게 나타나는"[73] 것이 아닌가?

현전-부재의 방식으로 텍스트 안에 현전하는 『자본론』의 철학을 확인하기 위해서, 알튀세르는 그 자신이 제안하는 징후적 독해를 사용하면서 맑스의 "침묵"을 청취하기 위한 자리에 특별히 자신을 위치시킨다. 맑스의 문자적 텍스트의 가시적인 연속성 아래 감춰진 그의 침묵은, 이 침묵이 진정한 "이론적 실수들"lapsus théorique을 산출하는 한에서 "징후적" 침묵이다. 그리고 그러한 실수들은 어떤 개념들의 자리를, 즉 맑스의 사유에 의해 동시에 요청되었으나, 그의 저작 속에 그러한 것으로서 표현되지 않은 그런 개념들의 자리를 은연중에 지시하고 있다. 예를 들어 우리가 언급했던 구조적 인과성 개념이 그러하며, 또한 주체 없는 인식 개념이 그러하다. 주체 없는 인식이란 생산 모델에 근거해서 정의되는 것이며, 맑스의 문자적 텍스트가 때때로 여전

---

73 S. Freud, *L'interprétation des rêves*, chap. 6, p. 241 [『꿈의 해석』, 6장].

히 사로잡혀 있는 인식의 "경험주의적" 이론에 대립해서 "실재적 대상"과 "인식 대상" 간의 구분을 포함하고 있는 인식이다.[74] 징후적 듣기의 실천가이며 독해의 이론가인 알튀세르. 그의 독해는 "지각될 수 있는 결함들"을 나타내는 것을 목표로 하고, "언표된 언어 아래에서, 말해진 담화 속에서 갑자기 나타나 그 속에서 공백들blancs ─ 엄밀함의 실패 또는 엄밀함의 노력의 한계들 ─ 을 유발하는 침묵의 담화를 식별해 내는 것"[75]을 목표로 한다. 그리고 알튀세르는 맑스의 담화의 문자 아래 묻혀 있는 철학을 분명하게 드러내는 것을 목표로 한다. 확실히, 맑스에 할애된 인식 또는 이론적 실천의 개념화, 인식 주체에 대한 모든 학설에 대립되는 그러한 개념화와 관련해서 알튀세르는 다음과 같이 명시한다. "틀림없이 나는 맑스의 담화에 어떤 것을 **덧붙였다**. 그렇지만 또 다른 관계 아래에서, 나는 그의 **침묵** 시도에 동의하지 않으면서 맑스 자신의 담화를 다시 세우고, 그것을 유지시켰을 뿐이다. 나는 그러한 침묵을 또 다른 담화의 억압적 압력과 작용을 받는 담화의 가능한 실패défaillance로서 이해했다. 또 다른 담화는 억압 덕분에 첫 번째 담화의 자리를 차지하고 첫 번째 담화의 침묵 속에서 말을 한다 : 경

---

74 L. Althusser, "L'objet du *Capital*", *Lire le Capital*, p. 265~271 [「자본론의 대상」, 『자본론을 읽는다』].

75 *Ibid.*, p. 266, 또한 p. 344.

험주의적 담화. 나는 두 번째 담화를 산산조각냄으로써 첫 번째 담화 속의 그러한 침묵이 말하게 하는 것 말고는 다른 일을 한 것이 아니다."[76] 그와 같은 듣기는 억압의 범주를 참조하는 가운데, 분명히 정신분석적 유형의 접근과 동일시된다. 하지만 그것은 맑스의 저작에 대한 수용에 있어서 보통의 양상과 같은 어떤 것으로 환원되지 않는다. 그러한 듣기는 차라리 맑스가 열어놓는 관점과 프로이트가 열어놓은 관점 간의 전반적인 일치 또는 상동성의 발견에 의해 불러일으켜진 것으로 드러난다. 그러한 상동성은 이론적 변이들과 **새로운 대상들**의 구성이 함축하는 문제틀의 변화 사이에서 작용하는데, 그 새로운 대상들은 무의식에 관한 프로이트 이론의 영역에서처럼 역사에 대한 맑스 이론의 영역에서 자신들이 분리되어 나온 과거의 이데올로기적 대상들로 환원이 불가능하다.[77]

그처럼 맑스의 관점과 프로이트의 관점 사이에 세워진 등가성은

---

76 *Ibid.*, p. 271.
77 과학은 자신의 대상의 구조 자체를 전복시킴으로써 이데올로기적 영역으로부터 자신을 분리시키고 그것으로부터 빠져나온다. 이러한 이데올로기적 영역과의 단절을 통한, 새로운 과학의 구성 안에 함축된 "이론적 변이"의 유형을 제시하기 위해, 알튀세르는 그렇게 프로이트 이론의 예를 제안한다. "좋은 예: 프로이트의 '대상'은 자신보다 앞선 심리학적 혹은 철학적 이데올로기의 '대상'에 대하여 전적으로 새로운 대상이다. 프로이트의 대상은 무의식인데, 이것은 모든 다양한 근대 심리학의 […] 대상들과 전혀 관련이 없다"("L'objet du *Capital*", p. 362, n. 33).

너무나 주목할 만한 것이어서 때때로『자본론』의 저자에 의한, 이를테면 프로이트의 발견의 예견이라는 가설로, 당연히 역설적인 그런 가설로 연결되는 것처럼 보인다. 이것은 예컨대 앞서 환기되었던 "두 효과들에 대한" 동시적 독해와 "두 텍스트들"의 존재에 대한 개념이 명백하기 때문인데, 알튀세르는『꿈의 해석』에서 분명하게 나타나는 그 개념들의 최초의 완성을 맑스에게로 돌리고 있다. 이러한 가정은 알튀세르가 제안하는 맑시즘과 정신분석 간의 관계들의 이해 속에서, 우리가 알튀세르의 근본적 "양가성"이라고 부를 수 있는 것의 기호인바, 게다가 그러한 양가성은 라캉의 저작에 대한 알튀세르의 관계 속에서 재차 발견된다. 실제로 한편으로 알튀세르는 정신분석의 장에서 유래한 결정적 개념들, 특히 라캉이 다시 읽어 낸 프로이트의 저작에서 도입된 개념들을 자신의 고유한 관점 속에서 기능하게 만들기 위해서 명시적이고 주장된 방식으로 빌려 온다. 그러한 측면 아래, 정신분석 이론의 결과들은 역사적 유물론의 영역 안에서, 그리고 모든 기계론적 수용와 헤겔 변증법에의 참조로부터 벗어난 "변증법적 유물론"의 영역 안에서 자신을 이해시킨다. 그렇지만 다른 한편으로 알튀세르는 때때로, 정신분석 이론이나 이것이 작동하게 만든 개념들에 대한 최상의 이해를 가능하게 하는 것이 바로 맑스에서 출발해서 인도된 그의 **고유한 연구**, 특히 사회구성체들과 이데올로기와 관련된 그의 연구라고 암시하는 것처럼 보인다. 사실상 알튀세르는 단순한 유비를 넘어서, 맑시즘에 의한 정신분석의 인식론적 정초의 가능성을 자신의 저서에서 여러 차례 상기시킨다. 따라서 우리는 프로이트로의 회귀에 대한 맑스로의 회귀의 일종의 논리적 선행성, 아니면 연대기적 선행성을 생각할 수 있으며, 이데올로기 이론의 모델로서의 무의식 이론에 대한 역전을 생각할 수 있다. 이러한 것들이 특히 1966년에 「담화 이론에 대한 세 개의 노트」 안에 그려졌던 경로이다. 이 노트들은 정신분석에 지역적인 이론의 위상을 부여하고 있는바, [노트에 따르면] 이 지역적 이론은 과학성의 요구 속에서 다시 한 번 **일반 이론**을 추구하는 도정에 있을 것이며, 여전히 불충분한 그 "정교화 작업의 시작"은 정신분석의 대상과 언어학의 대상의 차별적 관계의 확립에서 출발한 라캉의 연구 속에서 식별될 수 있을 것이다. 그런 일반 이론의 구성은 그 시기의 알튀세르의 철학적 프로그램의 핵심에 있었다. 이 프로그램은 언어학과도 정신분석과도 혼동되지 않으면서, 역사적 유물론과 아직 구성해야 하는 이론의 결합을 일반 이론과 동일시했다. 즉 그것은 그 대상이 "모든 담화 (기표)의 가능한 메커니즘과 결과들"이 되는 "기표의 일반이론"이다.[78]

---

[78] 이 점과 관련해서 다음을 참고할 것. L. Althusser, "Trois notes sur la théorie des discours" [1966], n. 1, *Écrits sur la psychanalyse*, pp. 117~154[「담화 이론에 대한 세 개의 노트」, 『정신분석에 대한 글들』에 수록]. La lettre du 13 septembre 1966, *les Lettres à Franca*, pp. 711~712[『프랑카에게 보내는 편지들』].

구조적 인과성

일반적인 방식으로, **구조적 인과성** 개념은 "자신의 **요소들에 대한 구조의 효율성**"을 가리킨다. 우리가 지적했듯이, 알튀세르에 따르면 그것은 맑스의 철학이 포함하는 근본적 개념들 가운데 하나이다. 맑스의 철학에 대한 징후적 독해가 『자본론』 안에서 은연중에 자신의 자리를 드러내며 "혼돈을 야기하는 부재"의 양태로서 지시된다. 그 개념은 실제로 "[맑스의] 모든 저작의 비가시적인 것-가시적인 것의, 부재-현전의 궁륭의 열쇠"[79]를 이룬다.

따라서 구조적 인과성은 "구조에 의한 결정"으로서 정의된다. 경제 현상들이 어떤 구조 속에, 즉 필연적으로 복합적이며, 우리가 "생산양식"(모순이 배제되지 않은, 생산력과 생산관계의 통일이나 조합)[80]과 동일시할 수 있을 그런 구조 속에 기입되는 한에서, 맑스에게서 구조적 인과성은 그런 경제 현상들을 지배하는 인과성을 가리키게 될 것이다. 우리가 알 수 있듯이, 구조적 인과성의 그러한 첫 번째 특징짓기는 우선 부정적 목적을 포함하는데, 이 목적은 고전 정치경제학의 경험주

---

79 L. Althusser; "Du *Capital* à la philosophie de Marx", pp. 24~25[「자본론에서 맑스의 철학으로」].

80 L. Althusser, "L'objet du *Capital*", pp. 396~399[「자본론의 대상」].

의적 개념화를 무효화하는 것이다. 실제로 고전 정치경제학은 평평하고 동질적인 공간, 즉 선형적 인과성의 지배를 받으며 기계적이고 이행적인 유형의 공간, 소여(이미 주어진 것donnée)의 특징을 지니는 공간에 경제 현상들을 지정했다. 따라서 데카르트의 메커니즘 안에서 완성된 형태를 얻는, 갈릴레이의 영감을 받은 선형적 인과성은 구조적 인과성에 정면으로 대립하는데, 왜냐하면 구조적 인과성은 요소들에 대한 **전체**의 효율성을 고려하는 것을 목표로 하기 때문이다. 경제 현상들이 기입되는 공간의 복합성은 경제 현상들을 이해하는 데 있어서 분석적이고 기계적인 단순한 인과성의 표상을 금지한다. 게다가 구조와 상부구조 간의 일반적 인과 관계에 대한 기계적 모델은 경제적 기반에 의한 (복합적이며 일의적이지 않은 결정의 자격에서) 최종 심급에서의 결정이라는 알튀세르의 이해에서도 마찬가지로 거부되어 나타난다.

어쨌든 구조적 인과성은 또 다른 유형의 인과성과도 구분되는데, 이것도 요소들에 대한 전체의 효율성을 생각하게끔 예정되어 있으며, 그 기원을 라이프니츠의 **표현** 개념에 두고 있고 표현적 인과성이라는 이름으로 헤겔의 체계를 여전히 지배하고 있는 인과성이다. 구조적 인과성은 표현적 인과성이 아닌데, 왜냐하면 정확히 구조적 인과성이 승격시키는 **구조** 개념은 "정신적" 총체성과 동일시되는 총체성에 대한 헤겔적 개념으로 환원될 수 없기 때문이다. 구조적 인과성과 표현적 인과성의 대립 속에서, 우리는 지금 여기서 관건은 지배적인 복합 구조로서의 사회적 전체에 대한 맑스의 개념화라는 것을 다시 발견한다. 맑스의 개념화는 라이프니츠에 기원을 두고 있는 표현적(그리고 중심화된) 총체성에 대한 헤겔적 개념화에 대립되는바, 헤겔의 총체성의 "내적 본질"은 현상적 방식으로 요소들에 의해 표현되어 나타난다. 그런 의미에서 구조적 인과성은 헤겔의 변증법과 결별하면서, 모순에 대한 맑스 이론의 틀 안에서 이해된다. 맑스의 모순이론은 중층결정 이론으로 이어지며, 중층결정 이론은 총체성의 개념이나 지배해야 하는 복합적 구조의 개념을 포함하면서 『마르크스를 위하여』에서 정확히 제시되는바, 모든 모순이 언제나 중층결정되어 있는 한에서 복합적 모순 구조는 모든 단독적 모순 안에서 반영된다.

바로 이것이 알튀세르가 구조적 인과성 개념 ─ 맑스의 체계 안에 실천적 상태로 실존하지만 그 철학적 주제화는 완성되지 않았으며 주로 **문제**의 형태로서 진술되는 구조적 인과성 개념 ─ 을 정신분석에 기원을 둔 중층결정 개념과 연결시킬 때 강조하는 내용이다. "나는 최근에 그러한 현상[일정한 어떤 구조에 의해 이 구조의 요소들이나 또 다른 구조를 결정하는 것]을 정신분석에서 빌려 온 **중층결정** 개념으로 해명하려고 시도했다. 그리고 우리는 정신분석적 개념의 맑시즘 이론으로의 그러한 이동transfert이 자의적인 차용이 아니라 필수적인 차용임을 전제할 수 있다. 왜냐하면 두 경우에서 문제가 되는 것은 동일한 이론적 문제이기 때문이다. 즉 그것이 요소의 결정이건, 구조의 결정이건, 그러한 구조에 의한 결정을 어떤 개념을 가지고 사유해야 하는가라는 문제 말이다."[81] 정신분석에 대한 참조와 정신분석적 범주들의 맑시즘의 장 안으로의 이동의 주장은 다시금, 맑스의 사상이 불러온 몇몇 근본 개념들에게 완성된 이론적 공식화를 제공하는 것을 목표로 한다. 그리하여 알튀세르는 구조적 인과성 개념은 "환유적 인과성" 개념과의 인접성에 의해 해명된다고 설명하는데, 나아가 그는 문제가 되는 것이 "프로이트 안에서 라캉이 알아낸 구조적 인과성의 형태를 특징짓기 위한 자크-알랭 밀러의 표현"[82]임을 명시하는 데 주의를 기울인다. 어찌 되었든 간에 환유적 인과성은, 맑스 그 자신처럼 우리가 "전체의 구조에 의한 전체의 요소들의 결정을 사유"하려고 시도할 때 마주치게 되는 문제에 대한 해결을 위해 요청된 것처럼 보인다. 환유적 인과성은 프로이트의 이론 안에서 꿈 작업에 내재하는 전치 과정에 대한 라캉의 특징짓기를 확실히 상기시키지 않을 수 없다. 그것은 **부재하는** 원인의 효율성을 지시하는바, 그 원인이 수수께끼적이고 지정할 수 없는 원인이라는 의미에서나 그 결과들에 대해 전적으로 초월적인 원인이라는 의미에서가 아니라, 반대로 그 원인이 자신의 결과들 내부에 전적으로 실존하는 원인이라는 의미에서 부재하는 원인인 것이다.

81 *Ibid.*, p. 404.
82 *Ibid.*, p. 405, n. 42.

여기서 아마도 우리는 두 가지 담화라는 프로이트의 가설로, 부재하는 구조가 그렇듯 언어적이고 심적인 모든 형성물들을 명령하는 무의식의 담화의 가설로 보내어질 것이다. 혹은 우리는 환유적 형태를 하고 있는 무의식적 욕망의 담화로 보내어지는데, 늘 필연적으로 변형되고 전치된 성취가 바로 그 무의식적 욕망의 완성이다. 따라서 라캉이 프로이트를 독해하면서 발견한 환유적 인과성과 관련해서, 라캉의 「프로이트적 사물」[83]이라는 제목의 논문을 참조하는 게 확실히 유용할 것이다. 프로이트로의 회귀라는 의미에 할애되었으며, 주체적 구성에 있어서 언어의 원초적이고 필수적인 각인 ── "인간 존재에 대한 상징적 기능의 편재" ── 을 드러내는 그 논문에서 라캉은 진리에게 원인의 지위를 준다("나 진리가, 내가 말한다"). 이 경우에, 진리는 상상적 자아와 근본적으로 구별되는 무의식의 주체와 동일시되는 그런 주체를 자신의 "상속자"légataire로 만든다. 라캉에 따르면, 원인으로서의 진리에 대한 주제화는, 주체에게로 보내어짐으로써 "인과성의 과정의 개정"을 불러오는바, 이 과정은 특히 모든 인과성 내부의 "주체의 함축"을 정립한다.

마찬가지로 주의해야 할 점은, 라캉의 상징계와 상상계의 구분이

---

83 J. Lacan, "La chose freudienne", *Écrits*, pp. 401~436 (cf. en particulier les pages 409~416)[「프로이트적 사물」, 『에크리』].

불러온 주체와 자아의 구분이, 1963년에서 1964년까지 알튀세르가 주관한 정신분석 세미나의 틀 안에서 자크-알랭 밀러가 발표한 논문의 핵심을 이루고 있다는 사실이다.[84] 자크-알랭 밀러는 기표사슬 개념을 통해서 "언어와 무의식 간의 본질적 포함관계"를 탐색함으로써, 특히 라캉이 정의한 상징적 질서의 지위가 "기표의 행렬에 의한" "인간적 질서 안으로의 진입"을 지시하는 한에서 그런 상징적 질서를 검토한다. 따라서 유아의 모습을 한 주체의 인간적 질서 안으로의 진입은 또한 타자의 담화의 질서로서의 언어의 질서 안으로의 진입이며, 이것은 자연에 대한 문화의 필연적인 반작용의 모델을 따르는 것인바, 언어의 질서가 "우세한 질서"를 이루고 있기 때문이다. 그러한 상징적 틀 안에서 문제적인 자연성을 띤 유아의 욕구는 언제나 이미 '파편화'morcelé 되어 있으며, 당장 기표의 행렬을 통과하도록, 다시 말해 결여와 상실의 기호 아래 놓이도록 지정된다. 그러한 관점은 언제나 이미 도래한 욕구의 욕망으로의 전환의 관점이다. 이 고유하게 상징적인 관점, 그리고 환유적으로 고려된 기능의 관점에서 '팔루스'는 '기표들의 기표'로서 정의되어 나타난다. 다시 말해 주체에게서, 기표에 대한 주체의

---

84 우리는 1963에서 1964년 사이의 ENS의 세미나에 대한 에티엔 발리바르의 강의 노트들에 근거를 둔다. 자신의 노트들을 알게 해줌으로써 우리에게 보여 준 그의 관대함에 감사를 보낸다.

관계는 존재에 대한 결여의 기표를 결정하는 바, [팔루스는] 그러한 기표의 역할을 대신하는 기표처럼 정의되어 나타난다. 그리하여 자크-알랭 밀러는 명시한다. "존재에 대한 결여와 욕망의 관계를 우리는 '원인'이라고 부르지 않을 것이며 ─ 이것은 너무 기계론적이다 ─ '환유'라고 부를 것이다." 그 결과 "욕망은 존재에 대한 결여의 환유"이며, 그러한 욕망은 주체 자신의 존재 방식을 정의한다. 아마도 주체와 욕망과 상징적 질서에 대한 질문과 관계하는 그러한 공식들에서 출발해서, 알튀세르는 "환유적 인과성" 개념을 구축했거나, 아니면 단순히 그 개념을 추출해 냈을 것이다.

어쨌든 여기서 주의해야 할 것은 알튀세르가 사실상 정신분석의 질서 안에서 환유적 인과성에 걸려 있는 목적들과 그것의 정확한 의미에 관한 한 지극히 간략한 말만을 남기고 있다는 점이다. 하지만 우리는 또한 그러한 침묵이 특별한 이유에 근거하고 있음을 가정할 수 있다. 알튀세르에 따르면 맑스의 이론처럼 정신분석은 어떤 근본적인 질문에 대해 완성된 답을 만들어 내는 데 성공하지 못했는데, 그 질문이란 자신의 요소들이나 종속된 또 다른 구조에 대한 구조의 효율성을 사유하는 질문이다. 오히려 거기서 중요한 것은 특히 정신분석과 언어학에 의해 표상되는 맑시즘 및 "현대 이론"에 공통적인 어떤 질문이다. 어쨌든 그러한 차이와 함께 그 두 분과학문들은 "맑스가 [그들보다] 앞서서, 말 그대로, 그것을 '생산'했다는 것을 의심하지 않으면서"[85] 문제가 되는 그 질문과 대면한다. 다시 여기서, 그 "구조적" 판본에 있어서, 정신분석에 대한 맑시즘의 숨어 있는 일종의 이론적 우월성의 가정이 작동한다.

그런 점에서, 고전 시대의 저자인 스피노자에 대한 참조가 철학사의 일의적이고 선형적인 개념화를 역행해서, 구조적 인과성 안에서 기능하는 부재하는 원인을 정의하는 데 결정적인 해명의 역할을 한다는 사실은 더더욱 주목할 만하다. 스피노자가 "유례없는 과감함"과 함께 앞서 언급한 질문에 가져온 해결책, 맑스, 프로이트, 어쩌면 라캉도 대면한 그런 질문에 가져온 해결책은 다름 아닌 『에티카』의 1부에 제시된 내재적 인과성 이론이다. 이 내재적 인과성의 모델에 따르면, 효율성이 문제가 되는 그런 부재하는 구조는, 그 실존 전부가 "자신의 효과들로 이루어지는" 구조이며, 이것이 함축하는 바는 "자기 자신의 요소들의 특수한 조합일 뿐인 그런 구조는 자신의 효과들 외부에서는 아무것도 아니다"[86]는 점이다.

우리는 알튀세르의 구조적 인과성의 주제화 속에서, 특히 중층결정 개념이 문제가 될 때, "[정신] 분석적 개념의 맑시즘 이론으로의 이동"이라는 **필연적인** —자의적이지 않은— 특징의 확증을 기억할 것

---

85 L. Althusser, "L'objet du *Capital*", p. 403[「자본론의 대상」].

86 *Ibid.*, p. 405.

이다. 한 이론적 장에서 다른 이론적 장으로의 그런 개념의 이동은 정확히 맑시즘과 정신분석에 공통적인 질문이 존재한다는 테제에 기대고 있다. 이러한 필연성은 맑시즘이 정신분석 이론에 대해 인식론적으로 종속적인 관계에 놓이지 않는다는 것을 함축하는 것처럼 보인다. 왜냐하면 실제로 수많은 측면에서, 맑시즘은 정신분석이 맑스의 발견 이후에 경험하게 되는 질문들을 "생산"하기 때문이다. 게다가 우리는 『마르크스를 위하여』에서 알튀세르가 다음과 같이 적었다는 것을 기억한다. 즉 특히 중층결정 개념을 둘러싸고 확립된 정신분석과 맑시즘의 인척관계apparentement는 "거꾸로 정신분석적 현실로의 접근을 허락할 수 있을 것이다".[87]

---

87 L. Althusser, *Pour Marx*, VI, 5, p. 212, n. 48[『마르크스를 위하여』].

2장

∽

이데올로기, 무의식, 그리고 주체에 대한 질문

이데올로기, 무의식, 그리고 주체에 대한 질문

이데올로기 이론과 무의식 이론

이데올로기에 대한 질문, 다시 말해 사회적 구성물들에 내재하는 상상적 질서에 대한 질문이 1960년대와 1970년대에 알튀세르가 이끈 철학적 연구의 중심에 있다. 지형학적으로 상부구조에 속하며, 정치-법률적 층위와 함께 상부구조의 두 "층"을 구성하는 이데올로기는 생산 조건들과 생산 관계들의 재생산을 보장하는 기능을 갖는다. 그러나 이데올로기는 특수하고 고유한 현실을 보유하는데, 이러한 현실이 이데올로기를 완전한 이론적 대상으로, 그렇지만 몇몇 예외에도 불구하고 맑시즘의 전통 안에서나, 어떤 면에서는 맑스 자신에 의해서도 그 자체로서는 알려지지 않은 그런 대상으로 만든다.

우리가 보았듯이 맑스로의 회귀는 단순히 문자 그대로의 독해로 전혀 환원되지 않으며, 반대로 징후적 독해를 촉구하는데, 이 독해는 맑스의 발견이 불러낸 것임에도 불구하고 문자적으로는 여전히 부재하거나 약화된 개념들을 알아내고 분명하게 드러내는 것을 목표로 한다. 그런 맥락에서 알튀세르는 이데올로기에 대한 일반적 개념, 여전히 불충분하게 정의되었거나 맑스의 저작 안에서 —— 특히 1845년의 『독일 이데올로기』에서 —— 양가적 방식으로 정의되어 있는 이데올로기에 대한 개념을 엄밀하게 이론화시키는 작업에 열중한다. 이데올로기의 본성과 기능에 대한 알튀세르의 독창적인 주제화는, 큰 윤곽 속에서 보자면 앞서 환기했던 **상부구조의 상대적 자율성** 테제에 기대고 있다. 따라서 그것은 맑스의 장소론에 대한 경제학적이고 기계론적인 이해에 대한 거부와, 구조와 상부구조의 일반적 관계에 대한 거부에서 생겨나는 **중층결정** 그 자체의 이론의 연속선상에서 이해된다. 이 새로운 관점은 결과적으로 꽤 일반적인 환원에, 즉 (정치적, 법률적, 도덕적, 종교적, 동시에 철학적) 이데올로기 영역을 역전된 반향이나 반영을 모델 —— 이것은 동시에 의식의 모델이기도 하다 —— 로 해서 이해된 경제적 토대의 효과로 환원시키는 것에 대립된다. 그리하여 그 새로운 관점은 "상상적인 것의 유물론"을 가장 일반적인 자격에서 표방하는데, 그 후견인은 바로 스피노자다. 그리고 그것은 또한 이데올로기적 국가장치의 측면에서, 관습에 대한 파스칼의 주제화로부터 양분을 얻는데,

관습에 대해서 파스칼은 기도의 유명한 사례를 따르면서, 사회적으로 제도화된 물질적 의례들과 재량권을 결정하는 특징을 믿음이나 신앙과 같은 주체적 표상들의 생산 속에서 정립한다.[1]

물론 이데올로기의 특수한 기능에 대한 재정식화는 몇몇 맑스주의 저자들에게서, 특히 안토니오 그람시의 저작[2]에서, 헤게모니 개념의 완성과 더불어 경제주의에 반대하는 투쟁의 틀 속에서 선례를 가진다. 하지만 이데올로기적 질서의 특수한 현실 — 이것은 특히 「이데올로기와 이데올로기적 국가장치」(1970)라는 제목의 텍스트에서 "이데올로기는 역사를 갖지 않는다"라는 유명한 테제를 통해서 알려진다 — 에 대한 이해는 동시에 또 다른 기원을, 특히 이 경우에 프로이트적 기원을 주장한다. 실제로 프로이트의 무의식의 개념화는 알튀세르가 이데올로기 개념을 만들어 내는 데 근본적인 지표 역할을 한다. 이 역할은 단지 인정되는 것만이 아니라 알튀세르에 의해 강조되고 분명하게 제시된다. 그는 1970년에 결정된 역사적 형세들과 결합된 특별한 사회구성체들과 늘 연결되어 있는 그런 이데올로기들과 구별되는, **이데올로기 일반**의 이론에 대한 자신의 고유한 프로그램을 제출한다. "[……]

---

1 이와 관련해서는 다음을 참조하라. Pascal, *Pensées*, texte établi par Louis Lafuma, 944, Paris: Le Seuil, 1962, p. 378[『팡세』, 이환 옮김, 민음사, 2003].

2 Cf. A. Gramsci, *Textes*, édition réalisée par André Tosel, Paris: Éd. Sociales, 1983, 특히 "Notes sur Machiavel", pp. 256~318[『마키아벨리에 관한 노트』].

프로이트가 무의식 일반의 이론을 제출했던 그런 의미에서, 적어도 임시적으로, 나에게 **이데올로기** 일반의 이론을 제안할 권한이 주어져 있다고 믿는다." 무의식 이론 ── 특히 프로이트의 **꿈의 해석** ── 과 이데올로기 이론의 그러한 관계짓기는 그것들 각각의 대상들 사이에 주목할 만한 상동성이 완성되는 것을 허락한다. 즉 무의식의 **영원성**에 직접적으로 이데올로기의 **무역사성**이 상응한다. "어떤 이론적 지표를 여기서 제공하기 위해, 나는 우리의 명제를 [······] 이렇게 말할 것이다. 이데올로기는 역사를 갖지 않으며, 이데올로기는 **무의식은 영원**하다는, 다시 말해 무의식은 역사를 갖지 않는다는 프로이트의 명제와 직접적인 관계 속에 있을 수 있고, 또 그래야 한다(결코 전혀 자의적이지 않으며 정반대로 이론적으로 필연적인 방식으로 그런 것인데, 왜냐하면 그 두 명제 사이에 유기적 연관성이 있기 때문이다)." 우리는 이데올로기 이론을 위한 프로그램의 제출을 처음 독서하면서, 정신분석 이론이 이데올로기 이론의 모델을 이루고 있거나, 적어도 그것의 토대가 되고 있다고 추론할 수 있을 것이다. 그렇지만 그러한 해석에는 주의가 필요하다. 앞서 언급한 알튀세르의 텍스트가 명백히 하고 있듯이 말이다. "만일 영원성이 의미하는 것이, (시간적인) 역사 전체를 초월한다는 것이 아니라, 편재한다는 것, 초역사적이라는 것, 그러므로 역사의 모든 기간 동안 형태상 부동적이라는 것을 의미한다면, 나는 프로이트의 표현을 문자 하나하나 반복할 것이고 이렇게 쓸 것이다. 무의식이 그런 것처럼, 이데올로기는 영원하다. 그리고 그러한 상호접근이 이론적으로 정당화되는 것처럼 보이는 것은 무의식의 영원성이 이데올로기 일반의 영원성과 관계 없지는 않다는 사실 때문이라고 나는 덧붙일 것이다."[3]

알튀세르가 맑시즘과 정신분석의 상호접근 또는 "인척관계"를 작동시키는 데 있어서 구성적인 양가성이 다시금 나타난다. 첫 번째의 직접적인 국면 아래, 이데올로기 이론은 앞으로 보게 될 테지만, 꿈에 대한 프로이트의 고유한 개념화나 라캉이 명시화한 재인-오인 reconnaissance-meconnaissance의 기능과 같은 정신분석적 참조들과 개념들로부터 자양분을 얻는다. 따라서 일반적인 식으로, 프로이트의 무의식 개념은 알튀세르의 이데올로기 개념에 이론적 모델을 제공하는 것처럼 보인다. 그렇지만 그러한 모델 설정은 진술되기가 무섭게 그 반대로 역전되는 경향이 있으며, 이때 거꾸로 최종 심급에서의 정신분석의 무의식의 개념화에 대한 이해 가능성의 조건으로서 제시되는 것이 바로 맑스-알튀세르적 이데올로기 이론, 즉 모든 사회에 고유한 상상적 현실의 이론이 된다. 우리는 사례로서, 이를테면 이데올로기 이론 안에서 결정적인 자리를 점하고 있는 재인-오인 개념의 이중적 기원에 대한 알튀세르의 "개인적 고백"을 상기할 수 있다. 즉 알튀세르

---

3 L. Althusser, *I et AIE*, *Positions*, pp. 100~101 [「이데올로기와 이데올로기적 국가장치」].

는 『재생산에 대하여』에서 무의식에 대한 라캉의 프로이트적 성찰에 이어서, 이데올로기를 재인-오인 기능으로 정의한 다음에 "이 공식이 『독일 이데올로기』 안에 문자 그대로 나타나고 있다는 것을 '발견'"했다고 적는다.[4] 그와 관련해서 우리는 주체의 예속되고 분열된 주체로서의 표상을 위해서 재인-오인 기능의 결정적 특징에 마찬가지로 주목할 것인바, 그 주체는 "호명"의 주체로서 이데올로기의 메커니즘 자체 안에 함축되어 있다. 똑같은 기능이 실제로 라캉의 저작 속에서 최초로 주제화되어 나타나는데, 라캉은 「거울단계」(1941)에서부터, 상상적 정의에 의해 거울반사적 동일시 속에서 포착되는 자아와 주체 사이의 구분, 또는 그 둘 사이에서 결코 환원되지 않는 간극을 정립했다. 그처럼 권두의 방식으로 이데올로기 이론을 주체와 결합시키는 연결의 중요성이 표시되는바, 그 주체는 고전 철학의 자아와 구분되는 주체이며, 의식의 프리즘을 통해서는 더 이상 규정될 수 없다고 판명되는 주체이다.

---

4 L. Althusser, *Sur la reproduction*, texte édité et présenté par Jacques Bidet, Paris: PUF, 1995, chap. XII, p. 207, n. 103[『재생산에 대하여』]. 손으로 쓴 이 원고, 특히 이데올로기의 문제에 할애된 이 오랜 연구가 그 문제에 대해 훨씬 더 간결하고 독특하게 다시 손질된 판본을 구성하는, 1970년에 출간되었던 텍스트인 「이데올로기와 이데올로기적 국가 장치」와는 반대로 알튀세르 생전에 결코 출간되지 않았다는 사실에 주목해야 한다.

맑시즘 전통 안에서 이데올로기의 "표상"의 문제

맑스의 이데올로기 개념화, 특히 『독일 이데올로기』에서 제시된 개념화는 비판적인 재파악의 대상이 되는데, 이는 알튀세르의 입장에서 보면 심층적인 이론적 재작업과 같은 뜻이었다. 이데올로기는 우리가 단순한 반사성이라고 부를 수 있는 것의 용어들을 통해 최초로 주제화되는데, 그것은 경제적 토대에 속하는 "실재적 삶"의 과정이 역전된 일종의 반영을 이데올로기와 동화시키는 것이었다. 이데올로기의 그런 주제화는 실제로 이데올로기의 특정한 현실도 충분히 이해할 수 있게 하지 못하고, 그것의 고유한 관념성도 이해할 수 있게 하지 못한다. 게다가 프로이트의 꿈 이론은 꿈을 무 또는 낮의 삶의 카오스적 잔재로 환원시키는데, 그러한 꿈 이론도 마찬가지로 꿈의 은폐된 의미도, 꿈의 특정한 메커니즘이나 작업도 파악할 수 있게 하지 않는다.[5]

『독일 이데올로기』에서 맑스와 엥겔스는 그들의 옛 철학적 의식에 대한 비판을 생산하는데, 그 의식이란 헤겔 이후의 독일 철학에 의해, 특히 포이어바흐의 철학에 의해 대표되는 것이었다. 그처럼 『독일

---

5 『독일 이데올로기』에 나타난 이데올로기 현상들에 대한 개념화의 불충분성, 그리고 『꿈의 해석』에서의 프로이트적 과정을 이데올로기 이론의 틀 자체 속에서 반복해야 할 필요성에 대해서는 다음을 볼 것. L. Althusser, *I et AIE*, pp. 98~101[「이데올로기와 이데올로기적 국가장치」].

이데올로기』는 "이념들의 생산, 표상들의 생산, 의식의 생산"이라는 일반적 용어들로서 이데올로기를 기술하는 문을 연다. 따라서 이데올로기는 인간들의 상상력의 영역으로 축소되는 것이 아니라, 오히려 지적 생산의 질서를 동시에 포함한다. 이데올로기는 주어진 한 민족이나 한 사회[6]의 고유한 정치, 법, 권리, 도덕, 종교, 형이상학의 장부들을 포함하며, 이러한 자격에서 철학 자체의 사변적 질서로까지 확장된다. 이데올로기의 특징인 **표상**의 체제는 그러한 관점 속에서 의식의 체제와 동일시된다. 그와 같은 체제는 근본적으로 실제 세계의 환상적 전복의 체제, 달리 말해서 환영의 체제이다.『독일 이데올로기』는 실제로 한편으로는 **현실**(역사적 과정 원리를 따라서 자신들의 고유한 실존의 조건들을 생산하는 인간들의 물질적 활동)과, 다른 한편으로는 환영의 질서에 정확히 자리잡는 **의식** 간의 구성적 구분을 정립한다. "실체"나 "인간의 본질"이라는 구심성의 범주들처럼 의식 철학적 범주에 대한 그런 격렬한 비판은 동시에 인식론적 장에서 "실재적 과학" ── 물질적 생산의 틀 안에서의 인간의 결정된 활동을 대상으로서 갖는 유물론적 역사 이론 ── 과 의사-지식 ── 인간들이 자신들의 고유한 역사적 행위로부터 스스로 만들어 내는 표상들이 그 원리가 되는 (따라서 "허구

---

6 Karl Marx et Friedrich Engels, *L'idéologie allemande*, I, A, Karl Marx, *Œuvres* III, p. 1056[『독일 이데올로기』, 김대웅 옮김, 두레, 2015].

적 주체들의 허구적 행위"로 환원되는) 관념론적 역사 이해, 특히 이 경우에 "의식 상의 문장들"로 분절되는 이해 ─ 간의 대립을 유도한다. 만일 "의식이 의식적으로 존재하는 것 외에 결코 다른 것일 수 없다면", 만일 "인간들의 존재가 그들의 실재적 삶의 과정이라면", 그때 의식은 2차적 결정의 자격에서만 역설적인 현실을 가진다. 의식은 생산력의 영역, 생산조직의 형태들의 영역에 내재하는 실재적 삶의 과정의 효과만을 ─ 그 고유한 참된 효율성 없이 ─ 구성한다.

결과적으로 이데올로기와 의식 사이에 정립된 일반적인 등가성과 함께, 이데올로기 자체는 적어도 처음에는 "실재적 삶"의 환상적 또는 역전된 표상으로 환원되거나 그런 자격에서 자율성을 박탈당하게 된다. 이것이 바로 그 유명한 **카메라 옵스큐라**의 은유가 함축하는 내용이며, 그것은 ─ 시각의 생리학적 메커니즘에 특징적인 망막상의 역전의 사례가 그것을 증언하는 바 ─ 거울 속의 필연적인 반사 **영상**의 기능처럼 이데올로기적 질서의 기능을 묘사한다. "만일 카메라 옵스큐라에서처럼 모든 이데올로기 안에서 인간들과 인간들의 조건이 위아래가 바뀌어서 나타난다면, 이러한 현상은 인간들의 역사적 삶의 과정에서 생겨나는바, 이는 마치 망막상의 대상들의 역전이 대상들의 완전히

---

7 *Ibid.*, p. 1057. 의식의 철학적 범주나 역사 이론의 틀 안에서 의식의 사용에 대한 비판과 관련해서는 또한 다음을 볼 것. pp. 1061~1063과 pp. 1069~1072.

물리적인 삶의 과정에서 유래하는 것과 같다."[8] 그처럼 이데올로기는 역전된 세계의 체제처럼 정의되며, 그로부터 이데올로기의 불충분성과 그 독특한 비현실성이 표시된다. "인간의 뇌의 모호한 형성물들"은 인간들의 삶의 "물질적 과정의 필연적인 승화물들"일 뿐이다. 그래서 "반영들"과 "이데올로기적 반향들"이 그러한 물질적 과정이 구성하는 토대와 관계되는 조건에서만 설명될 수 있으며, "반영들"과 "이데올로기적 반향들"은 그 기원에 대한, 즉 실재적 삶에 대한 최초의 의존의 은폐나 망각이라는 특징적인 방식으로서 생겨난다. 나아가 그러한 망각은 이데올로기적 현상들 속에서 작동하고 있는 구성적 환영의 척도를 제공한다.

이데올로기적 영역의 자율성의 부재는 2차적인 인과적 결정이라는 그 위상에서 기인하는바, 따라서 그러한 자율성의 부재는 이데올로기의 **역사의 부재**라는 맑스의 테제를 이끌어 낸다. "그 결과, 도덕, 종교, 형이상학, 그리고 모든 나머지 이데올로기들은 이에 일치하는 의식 형태들과 마찬가지로, 독립성과 유사한 어떤 것도 보존하지 못한다. 그것들은 역사도 전개도 갖지 않는다. [……]"[9]

알튀세르로 말하자면, 그는 환영의 필연적 질서로서의 의식에 대

---

8 *Ibid.*, p. 1056.
9 *Ibid.*, pp. 1056~1057.

한 맑스의 비판, 또는 주체와 자의성과 의지에 상관적인 철학적 범주들에 대한 맑스의 비판을 일반적인 방식으로 다시 붙잡고 강조한다고 할지라도, 맑스가 의식과 이데올로기 사이에 정립한 등가성을 해체하는 것처럼 보인다. 이것은 우선 무엇보다도 이데올로기의 법과 기능을 프로이트적 개념화 속에서의 무의식의 법과 기능과 비교하는 데에서, 그리고 정신분석이 구성하는 결정적인 이론적 지표에 대해 참조하는 데에서 증명된다. 그리하여 『독일 이데올로기』의 고유한 테제, 즉 이데올로기의 자율성의 부재라는 테제에도 마찬가지로 반론이 제기된다. 이와 같은 것들이 상부구조의 상대적 자율성이라는 알튀세르의 개념화가 전달하는 교훈일 것이며, 그러한 개념화는 특히 이데올로기 현상들을 실재적 삶의 과정의 추상들 및 그 2차적 효과들과 동화시키는 원리를 따르는 사유와 인식의 경험주의적인 개념화의 마지막 유물들을 일소하는 경향이 있다. 『독일 이데올로기』와 『자본론』이 여전히 완전하게 단절하지 못했을지도 모르는 것이 바로 그러한 경험주의적 개념화이다.

그런 식으로 『독일 이데올로기』에서 맑스의 것처럼 보였던 의미와 반대되는 완전히 다른 의미를 이데올로기에 부여하기 위해, 알튀세르는 놀라운 방식으로 외양상으로 기계론적인 맑스의 테제에 반대하여, 이데올로기의 반역사성이라는 자신의 고유한 공식을 내놓는다. 알튀세르가 여러 번 반복해서 강조했듯이, 그 단절의 텍스트가 수많은 측면에서 복합적이고 일의적이지 않다고 할지라도 말이다. 어쨌든 이데올로기는 역사를 갖지 않는데, 이는 이데올로기의 모든 현실이 이데올로기 자체의 외부에, 즉 물질적 생산이나 "실재적 삶"속에 있을 것이라는 의미에서가 아니라, 이데올로기가 정반대로 자신만의 효율성과 특수한 필연성을 소유하고 있는 한에서 그렇다. 이데올로기는 부동적이고 전초역사적인데, 왜냐하면 이데올로기는 모든 사회 구성의 필연적이고 환원불가능한 차원이기 때문이다. 이런 것들이 프로이트의 꿈의 이해, 즉 은폐된 꿈의 일관성을 복원하는 이해와의 비교에 있어서 가장 직접적인 의미이다. 이것은 또한 「이데올로기와 이데올로기적 국가장치」 안에서 행해졌던, 『독일 이데올로기』 안에서의 이데올로기의 정의와, 프로이트 이전의 대부분의 저자들이 전개했던, 의미가 제거된 현상으로서의 꿈의 개념화의 명시적 비교가 주는 교훈이기도 한 것처럼 보인다. 마치 진정한 맑스주의적 이데올로기의 프로그램을 다시 붙잡고 다시 활성화하기 위해서 알튀세르에게서 중요한 것은, 이 경우에 『꿈의 해석』의 프로그램을 다시 붙잡고 다시 활성화하는 것이었던 것 같다.

프로이트의 꿈 이론과 무의식 가설

『꿈의 해석』에서 처음 제시된 꿈에 대한 프로이트의 고유한 개념화 속에서, 꿈은 가장 일반적인 자격에서 유아기 기원을 가지고 있으며 무의식에서 유래한 욕망의 성취로서 이해되는바, 그러한 꿈은 전적으로 분리된 심리적 인과성 안에 기입된다. 그러므로 비정상적이거나 의미를 잃은 현상을 구성하기는커녕, 꿈은 어떤 특수한 이해가능성을 점하는데, 이것은 꿈을 실제적인 이론적 대상의 기능으로 고양시킨다. 프로이트가 열어 놓은 관점 속에서 꿈은 뚜렷한 위상의 결여를 탈피하는바, 꿈은 18세기에서 19세기로의 전환기에 유효했던 꿈 활동의 신경생리학적, 생물학적, 심리학적 개념화 속에 여전히 머물러 있었다. 그처럼 확증된 꿈의 이해가능성은, 그 조건으로서 무의식의 이론적 가정을 전제하고, 『꿈의 해석』에서부터 두 가지 주된 심적 체계인 무의식 체계(Ics로 기입)와 전의식 체계(Pcs라고 기입) 간의 구분과 대립을 세우는 첫 번째 장소론의 상관적 가공을 전제한다. 프로이트의 공식을 반복해 보자면 꿈은, 즉 『꿈의 해석』은 무의식의 발견으로, "심적 삶 안에서의 무의식에 대한 인식"[10]으로 인도하는 "왕도"를 이룬다. 사실상, 꿈의 이론에서 무이식의 이론으로 가는 일반화는 7장 안에 제시된 『꿈의 해석』의 결정적인 관건을 구성한다. 프로이트는 그러한 무의식의 가설을 이중의 전통에, 즉 고전 심리학의 전통과 "철학"의 전통에 대립시킨다.

전자의 전통, 즉 고전 심리학은 신체적 병인론을 참고하면서 꿈을

---

10 S. Freud, *L'interprétation des rêves*, chap. 7, V, p. 517[『꿈의 해석』].

생리학적 기원의 현상으로 환원시키거나, 더 정확히는 꿈을 낮 동안의 삶의 혼돈스러운 잔여, 환영이나 무의미의 영역의 혼돈스러운 잔여로 환원시킨다. 그처럼 19세기 말, 프로이트 이전에 꿈을 다뤘던 저자들에게서 어떤 만장일치가 지배한다. 다시 말해 꿈은, 꿈 내용의 불합리함이 증언하듯이, 비일관성, 논리적 규칙들의 무시, 특히 모순 원리에 대한 무지로 특징지어질 수 있다는 것이다. 이러한 것들은 꿈 활동 안에서 상위의 지적 기능들의 붕괴의 지표가 될 것이며, 이것이 꿈을 "심적 무정부"[11] 상태와 동일시하는 것을 가능하게 할 것이다.

그러한 지배적 이론에 반대하면서 프로이트는 꿈과 꿈 내용의 불합리성은 겉모습일 뿐임을 밝힌다. 일반적인 방식으로, 꿈의 비일관성은 꿈이 가공될 때 꿈에 대해 실행되는 심적 검열의 효과이다. 그렇게 해서 꿈 내용의 외양상의 무의미와 "꿈 작업"의 개념 사이에서 결정적인 상관관계가 정립되는 바, 꿈 작업의 개념이 지시하는 것은 압축과 전위를 수단으로 해서 무의식적 사고를 명시적 내용으로 옮겨 놓기 위한 꿈의 근본적인 메커니즘이라는 것을 우리는 이미 보았다. 그처럼 『꿈의 해석』의 저자는, 꿈은 "심적 경험의 조직 안에" 논리적으로 삽입될 수 있는, 일리가 있는 과정이라는 새로운 테제에 의존하여, 꿈을 창조하는 네 요소들을 우선적으로 분리시킨다. "압축의 경향", 전위에 의

---

11 *Ibid.*, chap. 1, et notamment V, pp. 56~64.

해 "검열을 피하는 책무", "형상화 가능성의 고려", 그리고 일반적으로 검열 기능을 수행하는 심적 심급 ── 다시 말해 전의식 체제 ── 에서 기인하는 2차 가공".[12] 그런데 만일 우리가 2차 가공을 따로 떨어뜨려 놓는다면, 꿈이 창조하는 세 근본 요소들은 1차 과정(들)과 놀라운 일치점들을 보여 준다. 프로이트에 따르면, 1차 과정(들)은 무의식 안에서 작동하는 심적 활동의 형태의 특징이고 전의식-의식 체계에 속하는 2차 과정과 구분되는바, 2차 과정의 목표는 무의식 체계에서 생겨나는 심적 투자의 에너지를 묶어놓거나 억제하는 것, 그리고 하나의 표상에서 다른 표상으로의 그런 에너지의 자유로운 순환을 저지하는 것이다.[13] 꿈 작업에서, 하지만 히스테리나 강박증과 같은 신경증에서도 마찬가지로 작동하는 1차 과정은 깨어 있는 동안의 사고에게는 정상을 벗어난 현상들처럼 ── 이 현상들이 전위(이것에 의해 한 표상에 투자한 에너지 정량은 다른 표상으로 이전될 수 있다)와 압축(이것에 의해 여러 다른 표상들에 대한 투자가 유일한 하나의 표상으로 모아질 수 있다)을 주로 포함하는 정도에서 ── 나타난다. 그러한 1차 과정은 실제

---

12 *Ibid.,* chap. 6, IX, p. 425.

13 1차 과정과 2차 과정의 구분에 관해서는 다음을 참조할 것. cf. S. Freud, *L'interprétation des rêves*, chap. 7, V, pp. 500~517[『꿈의 해석』]. 또한 S. Freud, *Métapsychologie* [1915], Paris: Gallimard, Folio Essais, 1986, pp. 95~100[『메타심리학』].

로 또 다른 원리들과 밀접하게 연결되어 있는데, 그 원리들이란 모순의 부재나 부인의 부재, 그리고 우리가 다시 다루게 될 무시간성, 즉 "정상적 사고"안에서의 표상들의 시간적 질서에 대한 무관성이다. 그런데 꿈 작업은 또한 2차 과정들의 질서 안에서는 오히려 지배적인 논리적 관계들에 대해서도 놀라운 무관성을 드러낸다. 표상들을 압축해서 묶고, 말장난의 원리에 따라 모음의 반복이나 동음이의어로 그 표상들을 결합시키면서, 꿈은 사실상 비-모순의 원리를 무시한다.

꿈 작업에 대한 그와 같은 이해는 정신분석의 토대에서 일반적 공리 —— "가장 복합적인 사고 활동들이 의식의 참여 없이도 만들어질 수 있다"[14] —— 를 작동하게 한다. 깨어 있는 동안의 사고의 질서와 일치하는 논리적 질서의 전복, 꿈 사고와 꿈 내용 자체 사이의 "모든 심적 가치들에 대한 총체적 재고찰"은 꿈 활동 안에서 인과성의 부재, 단순한 무-의미를 나타내지 않는다. 모순 원리를 알지 못한다는 것, 무시간성, 전위와 압축의 메커니즘은 이 경우 어떤 특별한 논리와 고유하게 심적인 인과성을 그려 내는데, 이것들은 무의식의 논리들에 다름 아니다. 따라서 꿈에 대한 정신분석적 이해는 무의식의 가설 및 무의식을 지배하는 1차 과정들의 가설과 연결되어 있는 심적 인과성의 개념 자체에 대한 중요한 개정을 야기한다. 이제부터 가정된 심적 인과성은 깨어

---

14 S. Freud, *L'interprétation des rêves*, chap. 7, V, p. 504[『꿈의 해석』].

있는 삶의 인과성의 특징들, 즉 1차 과정의 특징과 정반대이면서 전의식-의식 체계에서 결과하는 특징들인 "표상들의 내용들 간의 소통의 능력", 이 내용들의 "시간적 질서", "검열, 또는 여러 검열들의 도입", "현실 원리"[15] 등과 더 이상 동일시될 수 없다.

　두 번째 유형의 이해는 꿈에 대한 정신분석 이론과 상반되는 이해로서, 프로이트가 때때로 "철학적"이라고 명명한 것이다. 이것에 따르면 의식과 심적 삶 사이에는, 개념적 질서에 의한 엄밀한 등가성이 존재한다. 전통 심리학의 전제도 마찬가지인바, 고전적인 철학적 전제는 "의식은 심적인 것의 필수불가결한 특징"[16]임을 사실상 확립한다. 그렇지만 그와 같은 전제는 신경증자들에게 고유한 증상적 형성물들에 대한 분석도, 뿐만 아니라 꿈 작업의 분석도 견뎌내지 못한다. 그런 증상적 형성물들은 전의식-의식 체계와 무관한 1차 과정의 존재를 정확히 전면에 놓으며, 그런 자격에서 깨어 있는 동안의 사고의 법칙들 ── 의식이, 보다 일반적으로는 전의식-의식 체계(Pcs-Cs 체계)가 심적 장치 안에서의 그 대표자들이 되는 현실 원리에 의해 지배되는 사고의 법칙들 ── 로 환원이 불가능하다. 따라서 정신분석, 그리고 "메타심리학" 일반은 심적인 것과 의식적인 것의 고전적인 개념적 등가성을 분

---

15 S. Freud, *Métapsychologie*, "L'inconscient", p. 99[『메타심리학』, 「무의식」].

16 S. Freud, *L'interprétation des rêves*, chap. 7, VI, p. 519[『꿈의 해석』].

명하게 거부함으로써만 과학science으로서 구성될 수 있다. 그러한 인식론적, 철학적 단절의 주장은 프로이트 저작에서 항구적인데, 왜냐하면 우리는 1923년의 텍스트인 「자아와 이드」에서, 비록 이 텍스트에서 『꿈의 해석』에서의 장소론이 2차적 장소론으로 대체된다고 해도, 그러한 단절의 주장이 반복되고 있음을 분명히 발견하기 때문이다.

우리가 알고 있듯이, 심적 장치의 상이한 심급들의 최초의 공간적 또는 **장소론적**topique 표상과 함께 프로이트의 무의식 개념이 처음으로 공들여 만들어진 곳은 『꿈의 해석』이다.[17] 그리하여 무의식 개념의 본래적인 정의는 무의식 편에서의 의식 영역과의 근본적인 분리의 시도를 이끌어 낸다. 대립이나 부정의 언어 사용에 있어서, 의식 범주의 존속을 함축하는 **용어상의 잔류들**이 있지만 말이다. 따라서 최초의 장소론은 실제로 세 체계가 아니라 두 체계를, 즉 무의식 체계Ics와 전의식–의식 체계Pcs-Cs를 구분하는 것처럼 보이며, 후자의 경우에 이론적 우선성은 일반적으로 의식보다는 전의식에 놓이고 있다. 근본적으로, 꿈에서 실행되는 검열은 무의식과 전의식 사이에서 작동한다. 전의식과 의식 사이에서 작용할 수 있는 검열이 마찬가지로 존재할지라도 말이다. 그리고 1차 과정과 2차 과정의 대립은 무의식 체계와 전의식 체계의 대립을 포함한다. 첫 번째 장소론에서 전의식 체계에 무의식 체

17 *Ibid.*, chap. 7, II, 특히 pp. 455~460.

계의 주된 대립자 역할을 부여한다는 사실은 의식 그 자체가 단지 주변적 기능만을, 즉 전의식 체계의 보조적 기능만을 보유한다는 사실을 함축하는 것처럼 보인다.

그처럼 첫 번째 장소론에서 기능하는 용어법이 이해시키는 것과는 반대로, 프로이트적인 특수한 정의 안에서 무의식은 **의식의 부재로 한정되지 않고**, 또는 주체의 주의의 새로운 방향성에 의해 의식적이 될 수 있는 것으로 한정되지 않는다. 이러한 것들이 『꿈의 해석』 이후, **두 종류의 무의식** 사이에서 확립된 구분에 걸려 있는 근본적인 쟁점이다: 의식적이 될 수 있으며, 단순히 잠재적인 것을 가리키고, 그런 자격에서 전의식 체계에 속하는 그저 기술적인descriptif 의미에서의 무의식과, 체계적인systématique 의미에서의 무의식, 그러니까 하나의 체계, 즉 무의식 체계를 규정하는 그런 무의식. 그리고 후자의 무의식이 프로이트의 발견의 특수한 이론적 대상을 구성한다. 정신분석의 지도적인 가설에 합치하는 무의식은 **바로 그렇기 때문에** 의식이 될 수 없다. 그것은 우선 억압된 것과 동일시되는 한에서, 그 자체 접근할 수 없는 것으로 남아 있으며, "어떤 경우에도 의식에 이를 수 없다".[18]

1923년의 텍스트인 「자아와 이드」에서 심적 장치의 심급들의 새로운 공간적 표상이 이드, 자아, 초자아라는 용어들로 제안되는데, 여

---

18 *Ibid.*, chap. 7, VI, p. 522.

기서 다음의 것을 강조하자. 즉 바로 그 텍스트 안에서, 무의식을 단순하게 부재하거나 부인된 의식으로 환원하는 것이 불가능하다는 테제가 단지 사라지지 않은 것이 아니라 오히려 강조되었다는 사실이다. 무의식, 전의식, 의식의 용어들 자체가 포기되었다고 할지라도, 프로이트는 두 종류의 무의식의 구분을 분명하게 고집한다. 전의식이나 잠재적인 것과 구별되는, 고유한 의미에서의 무의식은 다시 한 번 "억압된 것 그 자체, 요컨대 의식이 될 수 없는 억압된 것"[19]과 동일시된다. 첫 번째 장소론의 개정이 **자아**의 이론 ──그 일부가 무의식에 속할 수도 있는 것처럼 나타나는 그런 자아의 이론──의 개정에서 유래한다는 사실을 기억하자. 그리하여 그러한 개정은 무의식의 각양각색의 양태들을 복잡하게 만들기에 이른다. 예를 들어 그것은 억압되지 않은 무의식의 새로운 표상까지 만들기에 이른다. 그렇다고 해서, 무의식과 의식의 근본적인 이론적 분리가 극복되지는 않는다. 무의식과 의식의 분리는 극복되기는커녕, 마치 문제가 되는 것이 바로 의식과 아무런 관계를 갖지 않는 무의식의 이론을 산출하는 것인 양, 오히려 증폭되어 나타난다.[20] 바로 이러한 것을 두 번째 장소론의 개념적 장치 안에서

---

19 S. Freud, "Le moi et le ça", 1, *Essais de psychanalyse*, Paris: Éd. Payot, 1981, p. 225[「자아와 이드」, 『정신분석학의 근본 개념』, 윤희기 옮김, 열린책들, 2004].

20 *Ibid.*, p. 229.

"의식"의 과거 용어들의 폐기가 증명할 수 있다. 그와 관련해서 『꿈의 해석』의 근본 테제, 무의식은 의식의 고전적인 범주로 개념적으로 환원이 불가능하다는 테제는 두 번째 장소론에서 놀라운 방식으로 연장된다. 그로부터 우리는 첫 번째 장소론보다 두 번째 장소론이, 하지만 전자의 장소론 다음으로, 의식 범주에 대한 무의식의 정의 자체의 극복을 이미 불러내고 있다는 사실을 일반적인 방식으로 도출할 수 있다.

라캉은 「무의식의 위치」라는 글에서 "무의식은 심적 현실 속에서 의식의 속성(또는 덕)을 갖지 않는 것의 무리cercle를 규정하는 그런 종류가 아님"[21]을 주장했는데, 그런 라캉에 이어서 알튀세르가 권유하는 것이 상기한 극복, 프로이트의 저작에서는 그럼에도 불구하고 미완성으로 남아 있는 그런 극복이다. 그러므로 알튀세르에 따르면, "프로이트가 부정적으로 **무의식**inconscient으로 지칭하는 현실을 언젠가는 긍정적으로, 다른 용어로 명명해야 할 것이다. 긍정적 용어 속에서 '의식'

---

21 J. Lacan, "Position de l'inconscient"[1960, repris en 1964], *Écrits*, p. 830[「무의식의 위치」, 『에크리』]. 「프로이트적 무의식 안에서의 주체의 전복과 욕망의 변증법」[1960] 에서 라캉은 무의식을, "어딘가에서(프로이트가 또 다른 장면이라고 적고 있는 곳 위에서), 실제적 담화가 무의식에게 제공하는 절단들(coupures)과 그런 실제적 담화가 형상화하는 사고작용 속에서 얽혀 들어가기 위해, 반복되고 집요하게 유지되는 기표들의 사슬과 동일시하면서", 동시에 다음과 같은 점을 명시한다. "프로이트적 장 안에서 의식은, 그 표현들에도 불구하고, 자신의 부정 위에 무의식을 정초하기에는 낡은 [……] 특질이다. [……]", J. Lacan, *Écrits*, p. 799[『에크리』].

과의 모든 연관, 심지어 부정적인 연관마저도 사라져야 할 것이다."[22] 뿐만 아니라 알튀세르는 1965년부터 「프로이트와 라캉」에서, 전위와 압축의 용어들에 의한 꿈 작업의 이론화를 계기로 프로이트가 『꿈의 해석』에서 확립했던 의식 범주와 무의식 범주의 결정적인 분리를 높이 평가했다. 무의식의 담화에 대한 라캉의 개념으로 이어지는 정신분석의 언어학적 개념화의 진영 안에 분명하게 자신을 위치시키면서, 알튀세르는 사르트르나 메를로-퐁티의 해석과 같은 "무의식에 대한 철학적-관념론적 해석"[23]을 거부했다. 그리고 알튀세르는 1967년의 「포이어바흐에 대하여」(이 텍스트에서 그는 포이어바흐의 철학이 단순한 반사성의 모델과 연결된 "이데올로기의 유사-맑스주의"이론에 지표점을 제공할지도 모른다는 이유에서 그의 철학을 비판한다)에서, 주로 리쾨르가 제안하는 "의미의 해석학"의 용어들로 프로이트의 발견을 독해하는 것도 마찬가지로 거부했다. 그는 실제로 "프로이트의 근본적 발견"은 우선적으로 "무의식은 의식의 의미의 효과들이 아닌 다른 것, 가능한 모든 해석학의 장으로 환원될 수 없는 또 다른 메커니즘의 효과들, 즉 다른 담화임"[24]을 명시한다.

---

22 L. Althusser, "De l'idéologie", *Sur la reproduction*, chap. XII, p. 210. n. 106[「이데올로기에 대하여」, 『재생산에 대하여』].

23 L. Althusser, "Freud et Lacan", pp. 23~24[「프로이트와 라캉」].

24 L. Althusser, "Sur Feuerbach", p. 226[「포이어바흐에 대하여」].

고유하게 정신분석적인 무의식의 개념화는 『꿈의 해석』에서부터 읽을거리를 내어 주며, 그러한 개념화는 심적 현실의 개념 자체에 대한 중요한 이론적 전복을 가져온다. 왜냐하면 프로이트의 공식에 따르면, "무의식은 심적인 것 자체이고 심적인 것의 본질적인 현실"이기 때문이다. 그러나 그러한 개념화는 동시에 의식의 개념 자체에 대한 결정적인 개정도 가져온다. 실제로 만일 무의식의 "내면의 본성"이 "외부 세계의 현실만큼이나 우리에게 알려져 있지 않다면", 그때 "우리의 감각 기관들이 외부 세계에 관해 우리에게 알려 주는 것만큼 불완전하게 의식은 무의식의 본성에 관해 불완전하게 알려 준다"[25]는 것을 인정해야 한다. 의식은 심적 삶의 결정적이거나 지도적인 심급이 더 이상 아닐 뿐만 아니라, 그것은 상관적으로 자신의 전통적인 특질을 상실한다. 심적 과정 전부에 대한 내적이고 투명하며 확실한 인식이라는 특질 말이다.

의식은 단순한 지각 기관의 용어들을 통해 운동성으로의 접근을 주재하는 것으로 특징지어짐으로써 자신의 전통적인 기능, 즉 심적 삶을 조직하는 데에 있어서의 중심적이고 헤게모니적인 장치의 기능을 박탈당하게 된다. 그처럼 『꿈의 해석』에서 무의식을 "더 작은 원환 안에 의식을 가두는 더 큰 원환"[26]과 비교하는 것이 이해될 수 있다. 두 번

---

25 S. Freud, *L'interprétation des rêves*, chap. 7, VI, p. 520[『꿈의 해석』].
26 *Ibid.*, chap. 7, VI, p. 520.

째 장소론은, 의식은 "다른 성질들에 덧붙여질 수 있거나 부재하는 것으로 남아 있을 수 있는 그런 심적인 것의 성질"[27]일 뿐이라고 설정하며, 의식의 고전적 속성들의 해체 과정을 가속화시킨다. 심적 삶 전체를 구성하기는커녕, 의식은 단지 심적 장치의 **표면**만을 구성한다. 이러한 독특한 관점에서 자아는 데카르트에 종속되는 고전 철학의 전제들과는 정반대로, "무엇보다도 신체적 자아이며, 자아는 단지 표면의 존재인 것만이 아니라", 또한 "신체 표면의 정신적 투사"와 정신적 장치의 표면이라는 이중적 측면에서 "그 자체가 표면의 투사이다".[28]

꿈에 대한 프로이트 이론에 대한 알튀세르의 참조, 무의식의 첫 번째 이론화 작업에 대한 참조는 고전 심리학의 자리를 박탈하고, 심적 삶의 본질에 대한 의식의 전통적이고 철학적인 동일시의 자리를 박탈하는 것을 목적으로 삼는다는 것을 우리는 본다. 그런 의미에서 정신분석은 다양한 의식 철학들에 맞서서 시작된 전투 속에서 결정적인 이론적 무기를 제공한다. 하지만 정신분석은 무의식 체계에 고유한 인과성의 가정을 또한 강조하는바, 그것은 깨어 있는 동안의 사유의 법칙들로 환원이 불가능한 특수한 인과성으로서, 이데올로기 안에서 완성되는 특수한 인과성의 결정적인 이론적 모델을 구성한다.

---

27 S. Freud, "Le moi et le ça", 1, p. 223 [「자아와 이드」].
28 *Ibid*, 2, pp. 230~238.

무의식의 영원성과 이데올로기의 필연성 : 상상계의 유물론

우리는 알튀세르의 이데올로기 이론의 작업에서 정신분석 이론에 대한 의지가 무의식의 영원성과 이데올로기 일반의 영원성 사이의 근본적인 상동관계라는 테제를 수반하고 또 이 테제에 의해 정당화된다는 점에 주목했다.

　그와 관련해서 다음과 같은 점을 강조하는 게 적합한데, 즉 영원성의 양태, 보다 축어적으로 **무시간성**의 양태는 실제로 정신분석의 고유한 관점에서 보았을 때, 압축과 전위라는 1차 과정, 그리고 의심의 부재와 상관적인 모순 원리에 대한 무지와 동일한 자격에서 무의식 형성의 특징을 구성한다는 사실이다. 유아기에 기원을 둔 **욕망**, 꿈을 통해 성취되는 욕망의 **파괴불가능성**과 **불멸성**이 『꿈의 해석』에서부터 확증된다. 무의식에서 유래하는 그러한 욕망은 실제로 성인에게서 늘 재활성화될 준비가 되어 있다. 그 욕망은 "『오디세우스』의 지옥의 그림자" 또는 "시간의 기원 이래, 승리자 신들이 무거운 산 덩어리를 그들 위로 굴려서 그 아래에서 깔아뭉개진 전설의 티탄들"이 그럴 수 없듯이 완전히 무화될 수 없다. "티탄들의 사지의 전율은 오늘날까지도 때때로 그 산들을 진동하게 만든다." 일반적으로, 꿈 형성에서 기능하는 무의식적 욕망들은 이 무의식적 욕망들이 억압에도 불구하고 길을 낼 수 있는 한에서, 즉 욕망들이 "의식에서 생겨난 흥분"에 그 고유한 강도를 옮겨 놓고 자신을 이식함으로써 자신을 표현할 수 있는 정도에서, 늘 활동적이며 "이를 테면 불멸적이다". 유아기의 기원을 갖는 그런 무의 식적 욕망들의 불멸성은 "참으로 무의식적인, 다시 말해 무의식 체계에만 속하는" 심적 행위의 특징인 파괴불가능성의 측면일 뿐이며, 이 것은 전의식 체계에 속하는 현상들과 대립되는바, 후자의 현상들에 관해 말하자면 그것들은 파괴가 가능한 것들이다.[29]

그런 의미에서 만일 "무의식 안에서 아무것도 끝나지 않고 아무것도 지나가지 않고 아무것도 망각되지 않는다면", 만일 파괴불가능성이 "무의식의 과정들의 두드러진 특징"[30]이라면, 무의식의 특별한 영원성이, 『메타심리학』이 이후에 무시간성이라는 단어로 이해된 영원성이 당연히 존재한다. 실제로 『메타심리학』에 따르면 "무의식 체계의 과정들은 무시간적이다. 다시 말해 그 과정들은 시간 속에서 배열되지 않으며, 시간의 흐름에 의해 변형되지도 않는다. 그 과정들은 시간과 전적으로 아무런 관계를 갖지 않는다. 시간에 대한 관계는 그러므로 의식 체계의 작업과 연결되어 있다". 결과적으로 그러한 무시간성은 부정이나 의심의 부재와 밀접하게 연결된 것으로 드러나는데, 왜

---

29 S. Freud, *L'interprétation des rêves*, chap. 7, III, pp. 470~471, et n. 1, p. 470[『꿈의 해석』].

30 *Ibid.*, chap. 7, IV, p. 491.

냐하면 부정과 의심은 무의식 체계 안을 흐르는 심적 유출을 억압하는 것을 목표로 하는 전의식-의식 체계의 작품이기 때문이다. 따라서, 프로이트에 따르면 무시간성은 "무의식 체계에 속하는 과정들에서 우리가 발견하기를 기대해야 하는 그런 특징들" 가운데에서 모습을 보인다. 즉 그것은 모순의 부재, 1차 과정(투자의 유동성), 외적 현실의 심적 현실로의 대체와 동일 선상에서 있다.[31]

그러므로 무의식의 **무시간성**, 또는 무의식의 "영원성"은 압축과 전위의 메커니즘의 상관물, 무의식 체계의 형성물들의 원리에서 부정의 부재의 상관물처럼 간주될 수 있다. 그런 자격에서 무시간성은 무의식 체계 안에서 작동하고 있는 특별한 인과성의 표지이기도 한데, 이는 무의식 체계가 1차 과정들로 구성되며, 이 1차 과정들이 "사유의 일탈이나 결함들이 아니라 심적 장치가 모든 억압에서 해방되었을 때 작동하는 방식들"[32]이라는 점에서 그렇다. 그러한 작업 방식들은 압축과 전위와 중층결정이라는 일반 범주들 아래에서 어떤 복합적인 인과성을 규정하고, 무의식적 표상들의 어떤 배열의 유형을, 즉 비-모순이라는 논리적 원리로는 환원불가능한 다수의 연합 사슬들에 근거해서 만들어지는 그런 배열의 유형을 규정한다. 그와 같이 꿈은 매우 복합적인

31 S. Freud, "L'inconscient", *Métapsychologie*, p. 97[「무의식」, 『메타심리학』].
32 S. Freud, *L'interprétation des rêves*, chap. 7, V, p. 514[『꿈의 해석』].

구축임이 확인되고, 꿈은 "정상적"인과성의 늘 왜곡된 제시를 포함하는바, 그런 꿈속에서 작동하는 인과성은 특별하게 이해될 수 있다. 그러한 왜곡 또는 복잡하게 만들기는 꿈 작업과 말장난 사이에서, 프로이트가 확립한 유비 속에서 어떤 특별한 예시를 발견하는데, 이는 꿈 작업이 "여러 꿈 사고들을 표현할 수 있게 하는 모호한 통사론"[33]의 지배를 받기 때문이다. 그 모호성의 체제, 『농담과 무의식의 관계』에서도 마찬가지로 강조되었던 그 체제는 무의미와 혼동되기는커녕, 무의식 안에서 작동하는 인과성의 독특성을 드러낸다. 이 인과성은 그 분절과 복합성 자체에서 보았을 때, 단순하고 선적인 인과성과 대립되는바, 후자의 인과성은 시간적 연속의 질서와 동일시되는 그런 시간의 인과성일 것이다.

그러한 측면에서 무의식적 심적 행위의 복합적인 과정성이라는 프로이트의 이론과, 앞서 알튀세르가 환기시켰던 **구조적 인과성** 및 중층결정의 주제화를 비교하고, 『자본론을 읽는다』의 「"자본론"의 대상」이라는 제목의 텍스트에서의 시간 — 특히 역사적 시간 — 의 연속적 개념화와 관련된 비판을 비교하지 않을 수가 없다. 맑스적 관점에서 연속적이고 동질적이며 선형적인 시간으로서의 시간이라는 헤겔적 시간 정의는 부당한 것으로 나타나는데, 이는 헤겔적인 시간 정의 자

---

33 *Ibid.*, chap. 6, IV, p. 293.

체가 표현적 총체성의 범주에 의해 요구되기 때문이며, 표현적 총체성
은 사회적인 것 전체를 이해하기 위해 사용되고 "현재의 동시대성" 개
념에 상관적이기 때문이다. 지배하는 분절된 복합체 전체라는 특수한 개
념 덕분에, 맑스는 사실상 구조의 각 층위 —— 경제적 층위, 정치적 층
위, 이데올로기적 층위 —— 에 일치하는 다수의 상이한 시간들을 정립
한다. 복합 구조의 각 층위는 자신의 상대적 자율성을 이유로 고유한
역사를 보유하고 있다. 특히 알튀세르의 사례를 반복하자면, "경제적
생산의 시간은 괘종시계들의 시간으로 환원될 수 없다". 오히려 경제
적 생산의 시간은 그 자체 판독이 불가능하고 비가시적인 복합적 시간
이며, 문제는 그러한 시간의 개념을 구축하는 것이다. 그런데 프로이
트가 열어 놓은 관점에서, 그러한 시간 개념의 구축은 "한 개인의 전기
의 시간"으로 환원이 불가능한 "무의식의 시간" 개념의 구축과 유사한
이론적 명령을 요구한다. 따라서 정신분석적 수용에 있어서 무의식의
무시간성은 불연속적, 복수적, 이질적 시간의 표지로서도 이해될 수
있을 것인데, 이러한 시간은 「"자본론"의 대상」의 공식을 따르자면 "시
간의 연속성이라는 이데올로기적 자명성"과 단절하는 구조적 또는 환
유적 유형의 인과성의 특징을 나타낸다.[34]

　　우리가 이미 강조했듯이, 이데올로기의 영원성 또는 비역사성의

---

34 Cf. L. Althusser, "L'objet du *Capital*", pp. 283~288[「자본론의 대상」].

테제는 이데올로기 생산의 필연성을 첫 번째 의미작용으로 삼는다. 『마르크스를 위하여』의 표현에 따르면, "그처럼 모든 사회적 총체성의 일부를 유기적으로 [……] 구성하는"[35] 이데올로기는, 프로이트가 이해하는 꿈이 그런 것처럼 환상fantasmagoria이나 환영의 임의적 질서로 환원되지 않는다. 특별히 이 경우에, 이데올로기의 필연성은 특수한 인과성의 용어들에 의해 이해된다. 꿈의 형성이 어떤 특징적 메커니즘, 특히 압축과 전위에 의해 규제되듯이, 이데올로기는 특정한 메커니즘에 응답한다. 그처럼 프로이트에 따른 무의식 체계 안에 어떤 특수한 심적 인과성이 존재하듯이, 이데올로기의 장에 내적인 어떤 인과성이 존재할 것이다.

따라서 우리는 알튀세르가 상부구조의 상대적 자율성이라는 테제를 통해 맑스주의 철학의 틀 안에서 옹호한 입장의 독창성과 무의식 이론과 이데올로기 이론 간의 유사성에 기반하고 있는 이데올로기의 영원성의 독창성을 가늠할 수 있다. 실제로 문제가 되는 것은 이데올로기 영역에 내재하는 잠재적 논리를 구분해 내는 것인데, 왜냐하면 그 계획의 목표는 이데올로기들의 이론이 아니라 **이데올로기 일반**의 이론을 만드는 것이기 때문이다. 이는 이데올로기가 전적으로 별개의 이론적 대상을 구성한다는 점, 그런 자격에서 이데올로기는 무엇이든

---

35 L. Althusser, *Pour Marx*, chap. VII, IV, p. 238[『마르크스를 위하여』].

간에 모든 사회구성체에 내재적인 차원이라는 점(심지어 우리는 공산주의 혁명의 결과인 계급 없는 사회에서조차 내재적 차원의 이데올로기를 가정할 수 있을 것이다)을 함축한다. 따라서 "실증주의-역사주의"의 유산에 대한 비판 또는 『독일 이데올로기』 안에 여전히 나타나는 메커니즘에 대한 비판은, 이데올로기의 필연성의 동의어인 이데올로기의 **유물론**과 단순한 오류나 환영의 등록소로의 이데올로기의 환원불가능성의 폭로와 같이 두 가지 형태의 이론적 우회 또는 매개의 형태를 포함한다. 이 비판은 확실히 한편으로는 "스피노자를 통한 우회"를 함축한다. 스피노자의 1종 인식의 이론은 "이데올로기를 단순한 오류 또는 벌거벗은 무지로 취급하기를 거부했는데, 왜냐하면 이데올로기는 그러한 상상계의 관계를 인간들의 신체 상태를 통해 '표현되는' 세계에 대한 인간들의 관계에 근거해서 세웠기 때문"이다. 스피노자의 1종 인식의 이론은 "상상계의 유물론"을 구성할 수 있게 하는데, 이데올로기 **일반**의 이론을 구성하려는 계획에서 요구되는 것이 바로 그러한 상상계의 유물론이다.[36] 그러나 그러한 계획은 근본적인 필요조건으로서 프로이트를 통한 우회, 무엇보다도 프로이트의 꿈의 이론을 통한 우회도 마찬가지로 포함하는데, 왜냐하면, 알튀세르에 따르면 전의식-의식 체계 안에서 작동하는 인과성과는 다른 유형의 인과성의 표상, 비

---

36 L. Althusser, *Éléments d'autocritique*, 4, pp. 72~73[『자기비판의 요소들』].

시간적이며 비선형적인 인과성의 표상이 실로 이데올로기 영역을 지배하는 특별한 과정성의 이론적 모태를 구성하기 때문이다.

마지막으로 알튀세르가 수용하는 의미에서의 이데올로기의 필연성이라는 테제가 (이데올로기의 영원성 또는 비역사성 이후에) 이데올로기의 두 번째 특징에 의해 강화된다는 점에 주목하자. 실제로 이데올로기는 단순히 실재적 삶의 ——역전된—— 표상이 아니라, "표상의 표상"이다. 알튀세르의 공식에 따르면 "이데올로기는 개인들이 그들의 실재적 실존 조건들과 맺는 상상적 관계의 '표상'"[37]인데, 이 공식은 상상계와 그 법칙들의 특수한 기능이라는 개념을 반향하는 것처럼 보인다. 어떤 의미에서 보면 이데올로기적 질서 원리에 입각한 이중적 반성성이라는 그 독특한 테제는, 일반적으로 이데올로기의 질서나 요소를 "실재 세계"와의 단순하고 직접적인 종류의 관계 속에 기입하는 반영이나 반향의 기계론적 모델에 대한 비판을 강화하는데, 왜냐하면 그러한 기계론적 모델은 단지 실재 세계의 환상적인fantasmagorique 뒤집기일 뿐이기 때문이다. 나아가 이 테제에 또 다른 테제가 따라오게 된다. 그것은 알튀세르 고유의 개념인 **이데올로기적 국가장치**가 불러오는 것으로서, 마찬가지로 결정적인 이데올로기의 유물론의 테제이다. 이데올로기는 오로지 실천적인 형식, 태도의 형식, 또는 사회적으

---

37 L. Althusser, *I et AIE*, p. 101 [「이데올로기와 이데올로기적 국가장치」].

로 제도화된 배치의 형식, 제의적 형식으로서 실존한다는 점에서 정신적인 것이 아니라 유물론적인 것이다. 그리고 그러한 것들이 바로 이데올로기적 국가장치AIE에 속한다. 학교 교육의 AIE, 종교적 AIE, 가족적 AIE, 정보의 AIE, 노동조합적 AIE, 혹은 문화적 AIE는 모두 제도들로서, 그 목적은 생산 조건의 재생산이지만 그 기능은 ——국가의, 군대의, 치안의, 사법권의 압제적 장치와는 다르게 —— 힘의 행사에 근거하는 압제가 아니다. 오히려 AIE들은 "이데올로기에 따라 기능한다". 다시 말해서 그것들은 노동의 사회적 분배의 틀 안에서 조건들의 재생산, 특히 생산 관계의 재생산을 위해 요구되는 주관적 표상들이나 믿음들의 원리에 입각해서 존재한다. 그러한 주관적 신앙들은 최초의 것들이 아니다. 반대로 그 주관적 신앙들은, 표상들의 "주체" 자신도 알지 못한 채, 이 주체가 사회적으로 제도화된 배치 ——AIE가 바로 그것이다—— 의 실천적 유물론 안에 기입됨으로써 유래한다.[38] 따라서 AIE의 개념 자체가 이해하게 하듯이, 상상계의 특수한 ——그리고 물질적인—— 체계의 존재를 전제해야 한다. 그것이 이데올로기의 고유한 기능의 존재이며, 이것은 그런 의미에서 실재의 **표상**이라는 단순한 질서로, 특히 『독일 이데올로기』 안에서의 수용처럼 의식이 구성하는 실재의 역전된 표상의 질서로 환원될 수 없다.

---

38 *Ibid.*, pp. 81~97.

그러므로 더욱 특수하게는, 이데올로기의 "표상"에 내재하는 이중적 반성성이라는 알튀세르의 테제는 이데올로기의 체제와 의식의 체제 사이의 구별을 강화하는 데에도 마찬가지로 기여하고, **전-역사성** omni-historicité으로서 이해된 이데올로기의 법칙과 **무의식**의 법칙 사이의 구조적 상동관계라는 고유한 가설을 강화하는 데에도 기여한다. 『마르크스를 위하여』에서 우리는 이미 어떤 테제를 만날 수 있는데, 이 테제에 따르면 이데올로기는 이론적이 아닌 "실천적-사회적" 기능을 지닌 표상 체계의 자격에서 인간들의 실존 조건들에 대한 관계를 규정하는 게 아니라, 인간들이 그 관계를 살아가는 방식을, 실재적이면서 동시에 상상적인 방식을 규정한다. 그런데, 만일 생산 관계 안에서 이데올로기가 실존 조건들의 "실재"와 맺는 관계가 단순하지 않고 반대로 복합적이라면, 만일 그 관계가 "관계들의 관계, 2차적 단계의 관계"를 이룬다면, 이는 우선 이데올로기적 질서에 고유한 표상들이 의식적 이념들로 환원되는 게 아니라 오히려 **"구조들"**을, 즉 인간들에게 "기능적으로 작용하고" 부과되는 문화적 대상들, "지각되고-수용되고-겪어지는 문화적 대상들"을 지시하는 한에서이다. 뿐만 아니라 그것은 이데올로기 안에서 인간들이 자신의 세계와 맺는 체험된 관계는 "오로지 **무의식적**으로 존재하는 조건에서만 '**의식적**'"으로 나타난다는 사실을 설명한다. 달리 말해서 실천적-사회적 기능의 측면에서 고려된 이데올로기의 고유한 역량이나 효력은 이데올로기가 대중의 표상체계인 한에서 "'의식'과는 거의 관계가 없다"는 것을, 이데올로기가 심지어 "심층적으로 **무의식적**"이라는 것을 함축한다. 심층적으로 무의식적인 그러한 이데올로기의 본성은 그 고유의 인과성을 보증한다. 우리가 여기서 다시 한 번 구조적이라고 부를 수 있는 인과성, 무의식적 결정들의 인과성이기도 한 그런 인과성 말이다. 만일, 알튀세르의 전제에 따라 "이데올로기가 일탈 또는 **역사**의 우연적인 부속물"이 아니라 실로 "사회의 역사적 삶에 본질적인 구조"라면, 그러한 유형의 인과성은 이데올로기의 독특한 필연성의 형식을 구성하며, 그 형식은 이데올로기의 전소-역사적 특징과 연관된다.[39]

이데올로기와 주체의 구성

주체로의 호명 1 : 이데올로기와 상징적 질서

알튀세르의 이데올로기 이론의 근본적 테제들 가운데 하나, 분명 가장 유명한 테제는 다름 아닌 **주체로의 호명**이다. 알튀세르에 따르면 "이데올로기가 오로지 주체le sujet에 의해서, 그리고 주체들des sujets을 위

---

39 이 점에 대해서는 다음을 참조할 것. cf. L. Althusser, *Pour Marx*, chap. VII, IV, pp. 238~240[『마르크스를 위하여』].

해서 존재할 뿐"인 한에서, "이데올로기는 개인들을 주체들로 호명한다".[40] 이데올로기의 특수한 기능에 대한 분석에서, 주체의 범주에 부여된 결정적인 이론적 역할은 어쨌든 애매성으로부터 자유롭지 못하며 몇몇 어려움들을 예감하게 만든다. 알튀세르가 무엇보다도 먼저 분명히 하려고 정성을 기울이는 것은, 이데올로기가 본성상 개인들을 주체로서, 나아가 "구체적 주체"로서 제도화한다면, 주체의 범주는 그 자체가 이데올로기에 구성적이라는 점이다. 이것은 이중적 구성의 작동을 전제하는데, 이것에 대한 알튀세르의 정의는 매우 말을 아끼고 있거나, 그것이 아니라면 수수께끼적이다.[41] 게다가 이데올로기 영역 안에서만 주체가 존재하는 한도에서, 예를 들어 과학의 주체는 존재하지

---

40 L. Althusser, *I et AIE*, pp. 109~110[「이데올로기와 이데올로기적 국가장치」].

41 알튀세르에게서 이러한 "이중적 구성"은 예속의 구조에 다름 아닌 근본 구조에서 출발해서, 호명된 주체의 언제나-이미 주체인 존재를 또한 함축하는 것처럼 보이는 바, 이러한 이중적 구성은 특히 우리로 하여금 『권력의 심적 삶』에서 주디스 버틀러가 행한 분석을 참조하게 한다. Judith Butler, *La vie psychique du pouvoir*, Paris: Éd. Léo Scheer, 2002, chap. 4, pp. 165~198[『권력의 심적 삶』]. 알튀세르의 호명 이론에 대한 또 다른 독해는 버틀러적 분석에 대한 비판으로부터 생겨난다. cf. Franck Fischbach, "Les sujets marchent tout seuls…' Althusser et l'interpellation", *Althusser: une lecture de Marx*, coordonné par Jean-Claude Bourdin, Paris: PUF, 2008, pp. 113~145[「'주체들은 홀로 걸어간다…' 알튀세르와 호명」, 『알튀세르: 맑스의 독해』]. Slavoj Žižek, *Le sujet qui fâche*, Paris: Flammarion, 2007, IIIe partie, et notamment chap. 5, p. 345[『까다로운 주체: 정치적 존재론의 부재하는 중심』, 이성민 옮김, 도서출판b, 2005].

않는 한도에서, 그러한 주체의 범주는 탁월하게 이데올로기적으로 드러난다. 그렇지만 주체의 범주는 이데올로기 자체와 동일한 자격에서 영원하고 필연적인 것으로 나타나는 것이다. 만일 이데올로기 **일반**이 진정 전-역사적이라면, 그때 주체의 범주는 그 근본적 메커니즘 속에 함축된 정의로 인해 철학자의 결정된 한 시기에, 예를 들어 17세기의 특정 혁명과 함께 열리게 된 시기와 같은 그런 시기에 더더구나 할당될 수 없다. 그럼에도 불구하고 주체의 범주의 전-역사성이라는 테제는『정신분석과 인간과학들』에 관한 강연에서부터『존 루이스에 대한 답변』까지 알튀세르의 반복된 다른 분석들과 양립하기 어려운 것처럼 보이는데, 이 다른 분석들은 주체의 개념을 독특한 철학적 장치와, 즉 "부르주아의 법적 이데올로기"와의 관계하는 근대 시기의 장치와 동일시하고 있기 때문이다.

그 어려움들은 주체에 대한 질문의 중요성, 아무리 애매하고 미완성적일지라도 알튀세르의 저작에서 주체의 이론화가 갖는 중요성의 지표이기도 한 것처럼 보인다. 우리가「이데올로기와 이데올로기적 국가장치」라는 "표준적" 텍스트를 그 이전의 텍스트와, 즉 수많은 점에서 전자의 텍스트의 모태를 이루는 텍스트인「프로이트와 라캉」과 관계시킨다면, 그러한 어려움들은 사라지거나, 만일 사라지지 않는다면 적어도 그 쟁점들에 있어서 일부가 해명될 수 있다.

알튀세르에 따르면, "인간이 본성상 이데올로기적 동물"[42]임을 고려한다면, 전-역사적 본질에서의 이데올로기는 개인의 주체로의 호명의 메커니즘으로, 다시 말해 인간화의 동의어로서 주체 존재의 소환으로 정의된다. 실제로 「이데올로기와 이데올로기적 국가장치」 안에서는 이데올로기적 질서, 인간-되기, 주체-되기 사이에서 근본적인 이론적 등가성이 존재하는 것처럼 보인다.

그와 관련해서, 주체로의 호명의 주제화가 예속 구조에 ── 특히 이 경우에 "법"에의 예속 구조에 ── 핵심적 자리를 부여하는 것이 우선 중요한데, 이 예속 구조는 다른 곳에서, **무의식의 주체**로 이해된 라캉의 주체의 개념화에서 결정적인 기능을 하고 있다. 예속 구조는 주체화 과정을 무대화하고 형상화한 경찰의 호명("어이, 거기 당신!")이라는 알튀세르의 사례 속에서 우선적으로 문제가 되고 있다. 실제로 그것은 호명당한 개인, 명령이 건네진 개인의 **뒤를 돌아보는** 행동을 전제하는데, 이 행동은 법에 대한 복종과 동시에 명령의 수신인으로서의 자기 자신의 재인을 함축한다. "개인(겨냥된 자가 그인 확률은 90퍼센트에 달한다)은 문제가 되는 것이 자신이라는 것을 믿고-의심하고-앎으로써, 그러니까 호명에 의해 겨냥된 자가 '바로 자신'이라는 것을 재인함으로써 뒤를 돌아본다."[43] 따라서 구체적 개인이 필연적 결과로서

---

42 L. Althusser, *I et AIE*, p. 111 [「이데올로기와 이데올로기적 국가장치」].
43 *Ibid.*, pp. 113~114.

ipso facto 구체적 주체로 변형되거나 전향되는 "뒤돌아봄"의 기본 과정 안에, 알튀세르가 "기본적인 이데올로기 효과"라고 명명한 것, 다시 말해 주체 ── 자유로운 주체, 도덕적 주체, 자신의 행동에 책임을 지는 주체, 유일무이하고 대체불가능한 주체 ── 의 존재의 자명성이나 확실성이 예시되어 나타난다. 그렇지만 그와 같은 개인들의 변형, 주체로의 변형은 시간적 연속의 질서에 따라 수행되지 않는다고 알튀세르는 명시한다. 그러한 변형은 사실은 **단번**에 도래하고 작동하는데, 이는 이데올로기가 모든 인간 실존의 필연적인 환경이나 요소, 그리고 인간이 넘어설 수 없는 지평을, 더 정확히 말해서 "호흡에 필수불가결하고 [인간 사회의] 역사적 삶에 필수불가결한 요소와 대기 자체"[44]를 규정하기 때문이다.

오히려 그것이 지닌 필연성과 영원성 덕분에, "이데올로기는 언제나-이미 개인들을 주체들로 호명했다"고 이해해야 한다. 그리하여 "개인들은 언제나-이미 주체들이다". 「이데올로기와 이데올로기적 국가장치」에서 알튀세르는 한 예를 들어서 주체로의 호명의 우선성을 설명하는데, 확실하게 프로이트에게서 빌려 온 그 예는 태어날 아이에 대한 기다림을 둘러싸는 "이데올로기적 의식"의 사례이다. 아이는 "특수한 가족 이데올로기의 배치"속에 붙잡혀 있는 한에서, 심지어 탄생하

---

44 L. Althusser, *Pour Marx*, VII, IV, p. 238[『마르크스를 위하여』].

기도 전에 "언제나-이미 주체"이다. 다시 말해 아이는 "존재가 지정되어"있다. 따라서 "아이가 아버지의 이름을 지닐 것이고, 그리하여 하나의 정체성을 가질 것이고, 다른 것으로 대체될 수 없을 것임은 미리 획득된 사실이다". 뱃속에 있을 때부터 인간의 아이에게 실행되는 지정, 혹은 주체 존재로의 이데올로기적 선-지정은 프로이트적 관점에서 "선先생식기적이고 생식기적인 섹슈얼리티의 '단계들'"을 지배하는 무의식의 "장악"prise과 관계된 것으로 나타나며, 아이의 모든 발달 단계에서 작용한다.[45] 바로 그 맥락에서 프로이트에 대한 참조는 또한 라캉에 대한 암묵적 참조처럼 이해될 수 있다. 예컨대, "아버지의 이름"의 개념을 다시 가져오는 것이 그것을 입증한다. 고유한 라캉적 관점에서, 아버지의 이름은 "법의 형상"으로서 이해되는 한에서 상징적 기능[46]의 지탱물을 이루며, 이 상징적 기능의 원초성은 프로이트의 단계이론에 대한 생물학적 독해를 무효화한다. 아이의 주체-되기와 관련된 그 특별한 관점에서, 텍스트 「이데올로기와 이데올로기적 국가장치」는 「프로이트와 라캉」과의 분명한 연속성의 관계 속에 있다.

1964년에서 1965년 사이의, 알튀세르의 그 텍스트[47]는 정신분석

---

45 L. Althusser, *I et AIE*, pp. 115~116[「이데올로기와 이데올로기적 국가장치」].

46 J. Lacan, "Fonction et champ de la parole et du langage en psychanalyse", *Écrits*, p. 278[「정신분석에서의 말과 언어의 기능과 장」, 『에크리』].

47 [옮긴이] 라캉의 『아버지의 이름들』(*Des noms du Père*) 세미나를 가리킨다.

의 과학성이라는 여전히 문제적인 주제에 대한 질문을 담고 있으며, 라캉이 인도하는 프로이트로의 회귀와 관련된 결정적인 의미를 암시하고 있다는 것을 우리는 알고 있다. 알튀세르에 따르면, 라캉은 정신분석이 단순한 경험적 실천으로 환원되지 않는 한에서, 정반대로 정신분석이 과학성을 요청하는 가운데 하나의 **이론**을 제대로 구성하는 한에서, 정신분석의 **대상**을 확인하기를 추구한다. 그런데 라캉은, 프로이트의 무의식의 발견이 열어 놓은 관점 안에서의 정신분석의 대상은 그 작은 생물학적 존재, 즉 아이 존재의 **인간-되기**devenir-humain를 이해하는 것 말고 다른 것이 아니라는 것을 보여 준다. 그러나 인간-되기는 언제나 **주체-되기**devenir-sujet인데, 왜냐하면 탄생 이전에 작은 인간은 선先존재하는 상징적 질서에 필연적으로 예속되어 있기 때문이고, 우선적으로 언어적 질서인 인간적 질서 안에서 주체의 자리를 차지하도록 언제나-이미 지정되어 있기 때문이다. 달리 말하자면 정신분석의 대상, 그것은 인간-되기에 관한 무의식의 결과들, 무의식의 상징적 질서의 결과들이다. 만일 생물학적인 것에서 인간적인 것으로의 이행이 정의상 주체화를, 즉 주체로서의 구성을 개시한다면, 그 이행은 **상징적 질서**의 후원 아래에서 수행된다. 라캉에 따르면, 언어가 일의적인 기호들의 체계로 환원되지 않고 "상징의 상호인간적 기능"을 연루시키는 한에서, 상징적 질서는 언어의 특징이다. 무의식 형성에 본질적인 중층결정 안에서도 마찬가지로 기능하는 상징적 질서는 인간이 말하는 동물인 한에서, 더 정확히 인간이 "언어에 사로잡혀" 있고, 필연적으로 언제나-이미 언어와 말의 요소 안에 붙잡혀 있는 한에서, 인간적 질서를 규정한다.[48]

　따라서 자연에 대한 "문화의 법"의 역작용의 효과가 이해된다. 문화의 법은 인간적 질서를 규정하며 다음의 내용을 포함한다. 즉 모든 인간화와 주체화는 "객관화하는 언어"의 질서, 상징적 질서에 대한 개인의 예속을 통과하는바, 그러한 질서는 "마침내 [아이에게] 나, 너, 그 또는 그녀를 말할 수 있게 할 것이고 그리하여 그 작은 존재가 제3자적 성인들의 세계 안에서 인간 아이로서 자신을 위치시킬 수 있게 할 것이다". 그러한 예속은 나아가 어떤 역설적 형식을 갖는데, 그것은 무의식

---

48 상징계, 상상계, 실재계의 라캉적 구분에 관해서는 J. Lacan, *Des Noms-du-Père*, pp. 11~63[『아버지의 이름들』]을 보라. 1953년부터 라캉은 "프로이트의 발견이 인간의 본성 및 인간의 상징적 질서와의 관계들, 그리고 그러한 인간과 상징적 질서의 관계의 의미를 존재 안에서의 상징화의 가장 근본적인 심급들로까지 거슬러 올라가는 데 있어서의 우연성들의 장의 발견"이라고 확증했다("Fonction et champ de la parole et du langage en psychanalyse", *Écrits*, p. 275). 라캉이 이해한 바로서의 그러한 프로이트의 발견의 결정적인 지점은 알튀세르에 의해 「프로이트와 라캉」 안에 분명하고 주목할 만한 방식으로 강조되어 있다. 자크-알랭 밀러가 라캉 세미나의 비판적 판본(*Des Noms-du-Père*, Le Seuil, p. 105) 속에 확립하고 있듯이, 상징적 질서는 무의식의 질서 자체를 가리키고 있는 한에서, 『구조인류학』에 수록된 클로드 레비-스트로스의 글, 「상징적 효율성」(1949)과 관계될 수 있다(C. Lévi-Strauss, "L'éfficacité symbolique", *Anthropologie structurale*, Pocket, Agora, pp. 213~234).

의 법 자체인 "상징계의 법"의, 아이의 인간-되기의 **모든 계기들**에 대한 선행성이라는 역설이다. 그 법은 실제로 오이디푸스적 계기에서, 다시 말해 아이의 어머니에 대한 나르시시즘적 관계의 이원성dualité를 깨부수는 제3자 또는 아버지의 형상의 출현의 **상징적** 계기에서 작용하지만, 마찬가지로 그 법은 최초의 계기 그 자체에서, 다시 말해 아이 자신의 "알터 에고"와 동일시된 어머니에 대한 아이의 **상상적** 매혹의 계기에서도 작용한다.

그러므로 일반적인 식으로, 라캉은 에고의 상상적 질서에 대한 상징적 질서의 선행성을 확증함으로써, "무의식의 포착"을 뚜렷이 드러내는데, 이것은 주체화, 다시 말해 인간화의 모든 단계들에 관해서, 「이데올로기와 이데올로기적 국가장치」에서 궁극적으로 질문이 된다. 알튀세르는 라캉이 "[생물학적 실존에서 인간적 실존으로의 이행이] 내가 문화의 법이라고 부르게 될 질서의 법 아래에서 작용한다는 것을, 그러한 질서의 법이 그 **형식적** 본질에 있어서 언어의 질서와 혼동된다는 것"[49]을 보여 주었다고 적는다. 그와 관련해서, "문화의 법"은 상징적 질서 개념의 재정식화처럼 제시되는데, 상징적 질서는 이미 라캉에게서 다음과 같은 내용들을 함축하고 있었다. 즉 "상징들은 실제로 너

---

49 L. Althusser, "Freud et Lacan", pp. 23~30[「프로이트와 라캉」]. 문화의 법은 문화가 "인간 주체가 되어 갈 자를 흡수하면서, 항상적으로 문화 자체에 선행한다"는 것

무나도 총체적인 망구조로 인간의 삶을 감싸기에 인간이 세상으로 나오기도 전에 그 상징들은 '뼈와 살로서' 탄생하게 될 것들과 망구조를 결합하며, 상징들은 인간이 탄생할 때 최소한 요정의 선물이 아니라면 별들의 선물과 함께 인간 운명의 큰 그림을 내놓는다는 것이다. 그리고 상징들은 인간을 충실한 자로 만들거나 배반자로 만들게 될 말들을 주고, 아직 존재하지 않거나 죽음 너머에 있는 곳까지도 인간을 따라다니게 될 행위들의 법을 준다는 것"[50]이다.

그러한 상징적 질서의 개념, 즉 상징적 질서의 타율성 및, "인간의 탄생 이전"과 "인간의 죽음 너머"에서의 상징적 질서의 인간에 대한 전지전능함을 포함하는 그 개념은, 프로이트의 무의식의 발견을 이해하기 위해 1950년대부터[51] 라캉에 의해 확증되었으며, 알튀세르에 의해 다시 손질되어 나타나는데, 알튀세르는 상징적 질서의 개념을 사회구성체 이론으로까지, 결국 동시적으로 이데올로기 이론으로까지 확장시킨다. "인간 존재에 대한 상징적 기능의 편재성"[52]이라는 라캉의

을 함축하는 바, 그러한 문화의 법에 관해서는 또한 다음을 보라. *Psychanalyse et sciences humaines*, 2e Conférence, pp. 81~97[『정신분석과 인간 과학들』].

50 J. Lacan, "Fonction et champ de la parole et du langage en psychanalyse", *Écrits*, p. 279[「정신분석에서의 말과 언어의 기능과 장」, 『에크리』].

51 또한 다음을 참조할 것. J. Lacan, "Situation de la psychanalyse et formation du psychanalyste en 1956", *Écrits*, pp. 468~469[「1956년의 정신분석의 상황과 정신분석가의 형성」, 『에크리』].

명제에 이데올로기의 전-역사성과 필연성이라는 알튀세르의 명제가 대응한다. 특히 「프로이트와 라캉」 안에 기술된 주체화 과정은 실로 그러한 예속에서 유래한다. 예속 덕분에 "작은 인간이 통과한 모든 단계들은 법, 지정의 규칙들, 인간적 소통 및 비-소통 등등의 지배 속에서 통과"되며, 그리하여 "인간의 '만족들'은 법의, 즉 인간의 법이라고 주장되는 것의 구성적이고 지워지지 않는 표시를 그러한 만족들 안에 포함한다. 그러한 법은 모든 법처럼 누구도 '알지 못하는' 것이 아니다."[53] 그와 같은 예속은 「이데올로기와 이데올로기적 국가장치」에서 검토된 **주체로의 호명**이라는 원초적인 이데올로기적 메커니즘에서도 작동하고 있다. 라캉의 공식에 따르면, 아이의 원초적 욕구들이 "기표 구조의 대열들에서"[54] 단번에 분산되고 모양이 만들어질 정도로, 무의식의 질서로서의 언어의 질서 또는 언어의 구조는 모든 인간 주체에 선_先존재한다. 동일한 방식으로, 이데올로기는 "포유류 유충들로부터 인간의 아이들, **주체들**을 만들어 내는 강제적인 긴 행군"[55]을 완성하도록 개인

---

52 J. Lacan, "La chose freudienne", *Écrits*, p. 415 [「프로이트적 사물」, 『에크리』].

53 L. Althusser, "Freud et Lacan", p. 27 [「프로이트와 라캉」].

54 J. Lacan, "La direction de la cure et les principes de son pouvoir" [「치료의 방향과 그 힘의 원리들」], 1958. *Écrits*, p. 618. 아이에게서의 필요의 원리적 분할에 대해서, 그리고 결핍과 상실의 봉인 아래에서 욕망으로 변형되는 필요의 결정에 대해서, 필요의 욕망으로의 변형은 상징적 질서의 전능함에 의한다. 다시 말해 그것은 "기표의 행렬들을" 통과한다. cf. également, p. 628.

들을 강요함으로써, 개인들을 주체로서 모집한다.

1966년의 『담화 이론에 대한 세 개의 노트』에서 알튀세르가 스케치한 기표의 일반 이론이 주체-기능을 이데올로기적 담화로서의 담화의 특징적인 효과와 동일시하는 한에서(반복하자면 주체-기능의 고유한 효과는 무의식-의-주체[56] 효과일 수 있다), 그 이론은 이데올로기와 상징적 질서 간의 결정적인 이론적 근접성의 가설을 강화한다는 사실에 주목하자.

예속과 주체화 : 주체와 **주체**[57]

「이데올로기와 이데올로기적 국가장치」의 본질적인 관건은 모든 이데올로기적 구조에 내재하는 예속 메커니즘에 대한 이해이다. 예속은 주체로의 호명 안에서 문제가 되지만, 또한 종교적 이데올로기의 경우에서 시사되는 것과 같은, 신에 다름 아닌 탁월한 **주체**에 대한 예속 안에

---

55 *Ibid.*, p. 22.

56 L. Althusser, "Trois notes sur la théories des discours", *Écrits sur la psychanalyse*, n. 1, pp. 131~140[「담화 이론에 대한 세 개의 노트」, 『정신분석에 대한 글들』].

57 [옮긴이] 저자는 주체(sujet)를 소문자와 대문자로 표기하면서, 호명되는 주체를 소문자 주체로, 신과 등격인 호명하는 주체를 대문자 주체로 놓는다. 소문자 주체와 구분하기 위해 우리는 대문자 주체를 굵은 글씨로 표시했다.

서도 문제가 된다.

실제로 알튀세르가 주체로서의 구성의 독특한 특징을 부각시키는 것은 특별하지만 가볍지 않은 "사례"를 통해서인데, 그것은 바로 "기독교의 종교적 이데올로기"의 사례이다: 주체로서 정의된 **대타자**에 대한 주체의 예속, 이 **대타자 주체**는 중심 자리를 차지하며 **대타자**를 대타자로서 재인하고 **대타자**에 의해 재인받는 자의 주체적 동일성을 보장한다. 유일무이하고 절대적이며 중심적인 **대타자** 주체, 즉 신에 다름 아닌 **대타자 주체**에 대한 예속은 그러한 **대타자 주체**가 주체로의 호명의 조건 자체를 표상하는 만큼 더더욱 결정적이다.[58] 따라서 절대적 주체의 "**이름으로**", 주체들의 **그들의 이름**에 의한 호명은 주체로의 모든 호명의 설명적 모델을 구성하는 것처럼 보인다.

주체에 의한 주체의 호명의 메커니즘을 설명하기 위해서 알튀세르는 구약에 나오는 모세에 대한 신의 계시의 사례에 특히 의존한다. 「출애굽기」에서 신은 모세를 "부른다", 달리 말해서, 신은 그 자신을 스스로 명명하면서("나는 스스로 있는 자니라"), 모세에게 하나의 이름을, 그의 이름("모세야!")을 준다. 신, 탁월한 **주체**는 "모세"라는 이름을 부과함으로써, 유일무이하고 대체 불가능하다고 전제되는 주체적 동일성을 내어 주면서 모세를 호명한다. 모세는 그 동일성 안에서 자

---

58 L. Althusser, *I et AIE*, pp. 116~122[「이데올로기와 이데올로기적 국가장치」].

신을 재인하는데, 그를 신의 말과 뜻에 복종시키는 것과 동일한 과정을 따른다. ("모세가 이르되, 그것이 (바로) 나입니다! 나는 주의 종 모세입니다. 말하소서, 주의 말을 듣겠나이다!")[59] 주체에게 있어서 고유한 주체적 실존의 "자명성"을 이루는 근본적인 이데올로기적 효과는 여기서 "주체들의 큰 주체", 신에 대한 예속의 메커니즘과 분리될 수 없으며, 신은 주체의 실존과 동일성의 보증인의 기능을 보유한다. 사실상 그러한 "절대적 주체는 유일무이한 중심의 자리를 차지하고 있으며, 자기 주위에서 무한한 개인들을 주체로서 호명한다."

주체에 대한 주체의 예속이라는 메커니즘에 대한 연구에서 알튀세르는 두 가지 교훈을 끌어내는데, 이것들은 고전적 주체의 투명성을 무효화하는 데 기여한다. 우선 주체라는 용어 자체는 구성적 애매성을 드리우고 있는데, 그 용어는 한편으로는 원리상 자신의 행동에 있어서 자유로운 주체성의 개념을 참조하고 있고, 다른 한편으로 앞서 언급한 예속된 주체의 **탈중심화**를 함축하는, **대타자 주체**에 대한 복종과 예속의 구조를 참조하고 있기 때문이다. 첫 번째 교훈과 상관적

---

59 *Ibid.*, p. 118. 신이 모세에게 자신을 내보이는 「출애굽기」의 이 표현("나는 스스로 있는 자니라." 또는 "나는 나 스스로 있는 자니라.")은 라캉에 의해 "아버지의 이름들"과 "상징계적 질서, 상상계적 질서, 실재의 질서"에 대한 정의에 할애된 1963년의 중단된 세미나 안에서 분석되고 있다는 점에 주목하자(J. Lacan, *Les Noms-du-Père*, p. 92[『아버지의 이름들』]).

인 두 번째 교훈은 모든 이데올로기 구조 속에서 기능하는 **이중적 반사성**specularité double이라는 테제이다. 모든 이데올로기가 "**유일무이하고 절대적인 주체의 이름으로**" 개인들을 주체로서 호명하고, 자기 자신의 (현재와 미래의) 이미지를 관조할 수 있는 **주체** 안에서, "문제가 되는 것이 당연히 그들이고 당연히 **주체**라는 사실을 개인들에게 보증함으로써 개인들을 주체에게 예속시키는 한에서, 이데올로기는 이중적 반사성을 갖는다. 따라서 이데올로기의 이중적 반사 구조는 "주체들과 **대타자 주체** 사이와 주체 자신들 사이의 상호적 재인 속에서, 궁극적으로는 주체에 의한 주체 자신의 재인 속에서"[60] 기능한다. 이러한 구조는 알튀세르가 다른 글에서 "이데올로기에 대한 이데올로기적 이론"이라고 명명한 것을 무효화한다. 후자의 이론에 따르면, 이데올로기는 **단순한** 반사 구조에 속하는바, 주체와 대상의 거울반사적 관계가 그 단순한 반사 구조를 함축하고 있다. 즉 주체와 대상의 거울반사적 관계 속에서 **구성하는 주체**와 동일시된 주체는 **중심**의 자리를 점유하고, 반사된 대상들, 주체의 대상화들은 주변부에 위치한다. 반영 이론[61]

---

60 L. Althusser, *I et AIE*, pp. 119~120「이데올로기와 이데올로기적 국가장치」].

61 이와 관련해서 다음을 참조할 것. L. Althusser, "Sur Feuerbach", pp. 180~222「포이어바흐에 대하여」]. 알튀세르는 그럼에도 불구하고 포이어바흐의 철학은 이데올로기 구조에 내부적인 중복(redoublement)이라는 테제와 함께 이미 주체의 탈중심화의 주제를 역설적으로 함축하고 있는 한에서, 이데올로기에 적합한 이론의 결정적인 요

의 모습으로 자신의 기원을 포이어바흐의 철학에 두고 있는 그러한 이론에 대해, 알튀세르는 주체의 주체에의 예속을 주제화함으로써 이데올로기 영역에 **내부적인 이중분열**이라는 독특한 개념화를 대립시킨다. 이러한 주제화는 **탈중심화된**, 또는 중심축에서 벗어난 **주체**, 구성하는 주체가 아니라, 반대로 **대타자 주체**에 대한 거울반사적 관계 속에서 사실상 구성되는 주체라는 고전적이지 않은 표상의 원리를 따른다.

그런데 탈중심화된 주체의 개념, 분리의 관계와 **대타자** ─ 예컨대 안다고 **가정된 주체**의 형상을 한 말의 장소, 진리의 보증자 ─ 에 대한 예속 관계 속에서 구성되는 주체의 개념은 라캉의 저작 속에서 최초의 결정적인 정박점을 가진다. 아마도 최초라고 말할 수 있을 텐데, 라캉은 말과 기표의 장소인 **대타자**grand Autre라는 개념을 생산한다. **주체**는 정의상 기표에 종속되어 있는 한에서, 그리고 "대문자 A를 수반하는 **타자**Autre의 담화"로 정의되는 무의식의 상징적 질서에 예속되어 있는 한에서, **대타자**에 의존하고 있다. 주체화의 조건 자체로서, 말의 장소인 **대타자**에 대한 예속이라는 라캉의 테제는 언표의 사라지는 순수 주체, 즉 무의식의 주체와 동일시되는 주체라는 비非심리학적 개념을 이미 분명하게 끌어들이고 있다. 무의식의 주체는 프로이트가 발

소들을 제공하고 있다고 명시한다. 그러한 중복[이데올로기 구조에 내부적인 중복] 덕분에 "주체의 대상", 즉 신은 또한 "지고의 주체"로서 "주체의 **대타자 주체**"가 된다.

견한, "인간이 직면하는 자기의 자기 자신에 대한"[62] "근본적 이심성離心性, excentricité"덕분에, 본질상 분열되고 탈중심되거나 중심축을 벗어난 것으로 드러난다. 그러한 이심성은 기표에 대한 종속이 불러오는 주체의 구성적 분열, 절단, 또는 "재분할"refente ── 자아의 분열Ichspaltung ──과 연결되어 나타나는데, 왜냐하면 말하는 주체만이 주체이기 때문이고, 주체의 말은 **타자**의 **자리**에서만 도래하기 때문이다. 라캉이 「거울 단계」라는 제목의 1949년의 논문에서 이미 강조하고 있듯이 주체의 이심성, 탈중심화는 문자 그대로 포착불가능한 **주체**를, 자아 및 자아의 동일시들과 자아의 상상적 포착으로부터 구분한다.

특히, **주체**와 **대타자**의 **변증법**은 라캉적 의미에서 대타자에게 진리의 보증인이라는 결정적인 기능을 할당한다.[63] 주체의 말의 장소인 대타자는 또한 안다고 가정된 (대문자) **주체**를 구성한다. 고등사범학교에서 진행된 1964년의 세미나 ── 이것은 나중에 『정신분석의 네 가지

---

62 「무의식 안에서의 문자의 심급 또는 프로이트 이후의 이성」(J. Lacan, "L'instance de la lettre dans l'inconscient ou la raison depuis Freud", *Écrits*, p. 524)을 참조하라. 대타자에 대한 주체의 관계와 관련해서는 이 문제와 관계된 라캉의 수많은 글들 가운데 「프로이트적 무의식 안에서의 주체의 전복과 욕망의 변증법」("Subversion du sujet et dialectique du désir dans l'inconscient freudien" [1960], *Écrits*, pp. 800~816)을 또한 참조하라.

63 J. Lacan, "L'instance de la lettre dans l'inconscient ou la raison depuis Freud", *Écrits*, p. 524[「무의식 안에서의 문자의 심급 또는 프로이트 이후의 이성」, 『에크리』].

2장 · 이데올로기, 무의식, 그리고 주체에 대한 질문 **147**

근본개념들』이라는 제목으로 출간된다 ― 에서, 라캉은 "대타자는 기표 사슬이 위치하는 장소이고 이 기표 사슬이 주체에게 제시될 수 있는 모든 것을 지배하는"[64] 한에서, 그러한 대타자에 대한, 진정으로 구성적인 주체의 소외라는 테제를 재확증하고 명시한다. 그런데 소외는 과학의 주체와 동일시된 주체를 진리의 문제와 연결시키는 관계로까지 확장되는데, 그러한 진리의 토대, 이를테면 진리의 형이상학적 보증은 안다고 가정된 **주체**에, 다시 말해 데카르트적 신이고 전능한 군주이며, 그런 자격에서 영원한 진리들의 자유로운 창조자에 속하기 때문이다.[65] 아마도 ― 이것은 물론 가설일 뿐이지만 ― 주체로의 호명의 메커니즘에 대한 설명을 위해 알튀세르가 **종교적 이데올로기**(이것은 주체들의 실존 자체를 보증하는 기능을, 이 주체들이 종속되어 있는 **대타자 주체**, 즉 신에게 할당한다)에 부여한 특권은 안다고 가정된 주체라는 라캉의 독창적인 주제를 참조하면서 이해될 수 있는바, 그러한 주체의 최초의 형상이 바로 속이지 않는 신의 형상인 것이다.[66]

---

64 J. Lacan, *Les quatre concepts fondamentaux de la psychanalyse*, XI, Paris: Le Seuil, Points, p. 228[『자크 라캉 세미나 11 ― 정신분석의 네 가지 근본 개념』]

65 *Ibid.*, III, pp. 44~45 et pp. 250~252.

66 이러한 근거를 주디스 버틀러는 『권력의 심적 삶』의 4장에서 확실히 간과했던 것처럼 보인다. 버틀러가 알튀세르의 이데올로기 이해 속에서의 종교적 사례의 중요성을 어떤 기능으로, 즉 자기 자신의 고유한 예속에 단단하게 묶인 주체들의 죄책감의 기능으로 설명할 때 말이다.

그렇지만 진리와 진리의 토대에 대한 형이상학적인 질문은, 대타자 형상에 대한 주체의 원리적 복종에 대한 이해 때문에 알튀세르에게서보다 라캉에게서 더욱 부각된다는 것이 사실이다. 게다가, 라캉은 주체와 대타자의 변증법에 대한 자신의 개념화를 데카르트적 코기토에 대한, 확실하게 독특한 재포착에 근거해서 만들어 내는데, 데카르트적 코기토는 알튀세르의 여정에서 본질적으로 이질적인 것으로 남아 있다.

주체로의 호명 2 : 이데올로기와 상상계

첫 번째 이데올로기적 효과로서, 주체로 있음의 자명성은 이중의 기능에 근거를 두는데, 알튀세르는 그것이 재인-오인의 기능이라고 적는다.[67] 이 재인-오인의 개념을 우리가 맑스의 저작 안에서 — 문제가 되는 것이 『독일 이데올로기』이든, "상품 및 상품의 비밀의 물신론적 특징"에 할애된 『자본론』 1권의 저 유명한 구절이든 — 알아볼 수 있다고 할지라도, 그 개념은 직접적으로나 명시적으로 라캉에게서 빌려온 것이다. 맑스는 실제로 그 텍스트에서 상품 사회에서 인간들은 사회적 관계를 사물들(상품들 자체인 노동의 산물들) 사이의 관계로 삼으면서,

---

67 L. Althusser, *I et AIE*, pp. 111~122[「이데올로기와 이데올로기적 국가장치」].

가치의 사회적 기원을, 그리고 그 자체 생산 관계들의 구조를 전제하는 사회적으로 유용한 노동 시간을 재인하고 오인한다는 사실을 보여준다. 그처럼 가치의 사회적 기원에 대한 과학적 발견 이후에, "환상" fantasmagorie은 사라지지 않는다. 맑스의 환영 이론은 이데올로기 이론의 초벌그림을 구성할 수 있을지도 모르지만, 어쨌든 미완성인 채로 남아 있는 것처럼 보인다. 그것은 환영의 어떤 필연성을 강조하지만 동시에 현실을 박탈당한 환상으로의 환영의 환원을, 생산 관계들의 현실의 반영이나 단순한 외양으로의 환영의 환원을 주장한다.[68]

그럼에도 불구하고, 알튀세르에 따르면, 일반적으로 재인-오인 개념은 **주체**의 특징적인 특질을 표시한다. 그 특질은 자기 자신에 대한 불투명성으로서, 이 불투명성에 의해 주체는 ─ 예속되고 호명된 존재라는 그 이데올로기적 본성 속에서 ─ 고전 철학의 **자아**, 즉 직접적이고 절대적으로 확실한 방식으로 자기 자신을 인지하는 정신과 구분된다. 심적인 것과 의식의 개념적 등가성을 해체하는 프로이트의 교훈은 ─ 그리고 라캉에 의한 교훈의 반복은 ─ 여기서 결정적인 것으로 나타난다. 「거울 단계」에서 이미 라캉은 자신의 거울반사 이미지에 대

---

68 Cf. K. Marx, "Le caractère fétiche de la marchandise et son secret", *Le Capital*, livre I, 1er section, chap. I, IV, *Œuvres, Économie*, I, Paris: Gallimard, Bibliothèque de la Pléiade, pp. 604~619[「상품의 물신적 성격과 그 비밀」, 『자본론』, 김수행 옮김, 비봉출판사, 2015(개역판)].

한, 자아에 대한 '나'_{je}의 결코 메워지지 않는 간극을 단언했다. 그 '나'
는 본래적으로 상상적인 동일시와의 환원불가능한 불일치 속에 여전
히 머물러 있으면서도 자신을 자아와 동일시한다.[69] 주체가 언제나 두-
주체들-사이임을 전제하는 한에서 주체에게 본질적인 쪼개짐 내지 분
열의 표상은, 1950년대와 1960년대에 무의식의 **상징적** 질서에 종속된
주체 개념과 **상상적** 질서에 속하는 **자아** 개념 간의 이론적 구분 ── 언
표의 주체와 언표된 주체의 개념을 나누는 구분 ── 과 함께 다시 한 번
강조되어 나타난다. 주체는 자아 안에서 확실히 재인되지만, 거기서
자신을 소외시킴으로써만 자신을 재인한다. 그리하여, 프로이트에 이
어 "진정한 무의식의 주체와 자신의 중핵 안에서 일련의 소외적 동일
시에 의해 구성된 것으로서의 자아 사이의 근본적인 구분"[70]을 유지해
야 한다. 그 결과 반-심리주의라는 틀 자체 안에서, "반성의 잘못된 무

---

69 자신의 상상적 포착, 자신의 거울반사적 본성 때문에 "자아의 심급"은 유일한 개인들
에게 있어서 영원히 환원될 수 없는 "허구의 선상에" 놓여 있다. "더 정확히 말해서,
개인들은 점근선적으로만 주체 되기와 재합류할 수 있을 것이다. '나'인 한에서 주체
가 통과해서 자신의 고유한 현실과의 불일치를 해소해야만 하는 그런 변증법적 종합
의 성공이 어떤 것이든지 간에 말이다." (J. Lacan, "Le stade du miroir comme formateur
de la fonction du Je telle qu'elle nous est révélée dans l'expérience psychanalytique"
[1949], *Écrits*, p. 94[「정신분석적 경험 속에서 우리에게 드러난 바로서 자아 기능의 형성
자로서의 거울단계」, 『에크리』].

70 J. Lacan, "La chose freudienne", *Écrits*, p. 417[「프로이트적 사물」, 『에크리』].

한한 반복"[71]에 의해 구성된 "신기루"로서 의식의 환영들처럼, 자율적인 자아의 환영들에 대한 라캉의 근본적 비판이 전개된다. 라캉은 프로이트의 두 번째 주장의 교훈을 이어가면서 심지어 의식은 **자아의 특권**이 아니라는 사실을 확립하는데, 왜냐하면 더 이상 자아는 **지각-의식 체계** 위에서 중심화된 것으로서 적절하게 이해될 수 없기 때문이다. 거울 단계의 개념화는 사실상 **오인의 기능**을 자아의 형성 및 자아의 상상적 포착의 원리에 분명하게 배치한다.[72] 의식을 주체의 본질적 규정으로 만드는 개념화를 거부함으로써 라캉은 모든 자기 인지 —— 원리적 오인이 그 이면에 자리잡고 있는 자기 인지 —— 에 있어서의 애매성을 강조한다. 라캉은 "나를 인지하는 데 있어서의 본질적인 오인"[73]이 존재한다고 적는다.

확실히 라캉의 재인-오인이라는 이중 기능의 주제화는 이데올로기적 요소 안에서의 주체 구성에 대한 알튀세르의 이론에 자양분을 준

---

71 *Ibid.*, p. 424.

72 J. Lacan, "Le stade du miroir", *Écrits*, p. 99[「거울 단계」, 『에크리』]. 또한 "Remarque sur le rapport de Daniel Lagache: 'Psychanalyse et structure de la personnalité'" [1960], *Écrits*, p. 675[「다니엘 라가슈의 보고서, '정신분석과 인격의 구조'에 대한 고찰」, 『에크리』]를 참조하라.

73 J. Lacan, "Subversion du sujet et dialectique du désir dans l'inconscient freudien", *Écrits*, pp. 808~809[「프로이트적 무의식 안에서의 주체의 전복과 욕망의 변증법」, 『에크리』].

다. 그러한 주체 구성 안에서, "진정 그것은 나다"라는 속이는 자명성이 ─ 주체의 용어나 범주의 모든 애매성을 표시하며, 또한 예속의 구조와 연결된 ─ 자기에 대한 불투명성을 배경으로 도래한다. 어쨌든, 알튀세르와 라캉이 (이 형용사가 포함하는 모든 미결정성과 함께) "고전적"이라고 말해지는 표상 ─ 의식의 전제된 중심성 아래에서, 행위의 자유로운 원리처럼 간주되고 자신의 고유한 표상들에 투명한 구성적 자아의 표상 ─ 에 대한 공통의 거부에 근거해서 예속된 주체의 개념화를 정초한다고 할지라도, 여기서 확립된 [그 둘의] 평행성은 명백한 한계들을 포함하고 있다. 그 가운데 첫 번째 한계는 알튀세르의 절차와 라캉의 절차 사이의 결정적인 분기를 표시하는데, 그것은 다름 아닌 **주체**와 **자아** 사이에서 적절하게 확립되는 개념적 구분이다. 라캉에게서 그 구분은 무의식의 주체로서의 주체의 개념화를 통해, 그리고 **상징적 질서**와 자아를 지배하는 **상상적** 질서의 차이화를 통해 유지되고 끊임없이 재확증된다. 반면에, 알튀세르에게서 그것은 그와 같은 방식으로 주제화되는 것처럼 보이지 않는다. 호명된 주체는 때때로, 물론 탈중심화되어 있고 예속되어 있으며, 의식의 빛을 비추는 유사 특징을 박탈당하고 있지만, 그 불투명성들은 정확히 의식의 거짓된 자명성들의 불투명성처럼 보인다.

알튀세르의 관점에서, 주체와 자아의 그러한 상대적인 개념적 비非구분을 증언하는 것은 아마도 이데올로기적 질서와 결합되어 있는 애매성일 것이다. 라캉의 분할을 다시 가져왔을 때, 그러한 이데올로기적 질서는 상징적 질서와 상상적 질서 사이에서 동요하는 것처럼 보인다. "문화의 법"의 원초성을 가리키는 첫 번째 측면에서, 개인들에게 언제나-이미 주체 존재를 할당하고 있는 이데올로기는 상징적 질서에 전적으로 속해 있는 것처럼 보인다. 그리고 이 상징적 질서 안에서, 인간화 과정 및 주체화 과정에서의 "무의식적 포착"이 작용한다. 따라서 알튀세르가 『담화 이론에 대한 세 개의 노트』에서 상기시켰던 **기표 이론 일반**은 모든 담화에(그리고 분명 이데올로기적 담화에) 고유한 주체성의 효과를, 그 2차적 결과가 정확히 **무의식-의-주체**의 효과일 수 있을 그런 주체성의 효과를 해명하는 것을 목표로 한다.

그럼에도 불구하고 또 다른 측면에서, 즉 알튀세르가 모든 이데올로기적 배치의 본질적 기능을 확인하는 재인-오인 기능의 측면에서, 이데올로기는 상상적인 것으로, 상상적인 것의 구성적 소외들과 무지들의 질서로 환원되는 것처럼 보인다. 실제로 라캉의 본래적인 관점에서 알튀세르가 다시 활성화시킨 재인-오인 기능은, 자아의 자율성의 환영 및 거울반사적 소외를 통해 진정한 주체보다는 자아를 특징짓는 것처럼 나타난다. 그런 점에서 재인=오인 기능은 상징적 기능보다는 오히려 상상적 기능을 구성하는 것으로 나타난다. 바로 그러한 관점에서 재인-오인은 자율적 자아의 환영들 및 의식의 신기루와 분리될 수 없는 것으로 나타난다.

따라서 그러한 이중 기능에 대한 알튀세르의 재활성화는 실제로 이데올로기의 이해에 있어서, 이데올로기적 질서를 의식의 질서이기도 한 상상적 질서와 결합하고, 임의적 자유나 자율성의 신기루 속에 붙잡힌 자아의 구성적 오인들의 질서와 결합하는 것처럼 나타난다. 알튀세르는 이데올로기의 공간인 필연적으로 닫힌 공간을 "라캉이 다른 맥락에서, 그리고 다른 목적을 위해 '결투의 거울반사적 관계'라고 명명했던 것의 불가피하게 닫힌"[74] 원형 구조 자체와 비교하는 데까지 나아간다. 그럼에도 불구하고, 우리는 또한 다음과 같은 점에 주목했는데, 즉 알튀세르가 가져온 이데올로기 이론의 독특성은 이데올로기 고유의 질서와 무의식의 질서 사이에 가정된 구조의 상동성 안에 놓인다는 것이다. 이는 이데올로기의 질서가 상상적인 질서가 아니라 고유한 인과성을 지닌 상징적 질서를 구성하기 때문이다. 이데올로기의 개념화의 내부적인 이러한 어려움은 주체가 무의식의 주체처럼 정의되거나 재정의될 것인데도, 「이데올로기와 이데올로기적 국가장치」의 저자가 갖는 집요한 불신, 즉 주체라는 용어와 그 철학적 범주에 대한 불신을 보여 주는 것처럼 보인다.

---

[74] L. Althusser, "Du *Capital* à la philosophie de Marx", p. 57[「자본론에서 맑스의 철학으로」].

결론

이 연구로부터 나올 수 있는 것은 다음과 같다. 탈중심화와 예속의 구조 위에 세워진 주체화 과정으로서 이해된 주체성에 대한 질문 일반은 실로 알튀세르의 저작, 그의 주요 프로그램 가운데 하나, 즉 맑시즘 안에서 여전히 공백으로 남아 있는 이데올로기 이론의 측면에서 고려된 그의 저작에서 결정적인 쟁점을 이룬다는 것이다. 그러한 틀 안에서 알튀세르는 맑스로의 회귀라는 관점 속에서 중층결정이나 징후적 독해, 또는 구조적 인과성 개념들과 같은 자신의 고유한 근본 개념들의 가공을 이끌었던 과정과 동일한 재포착과 재공식화의 과정들을 따르면서, 정신분석 진영에서 빌려 온 일련의 질문들과 개념들을 결집시킨다. 우리는 프로이트의 발견에 대한 알튀세르의 모든 재독해 안에 걸려 있는 핵심적이고 문제적인 지점을 유예 상태로 놓아둘 것이다: 맑시즘에 의한, 나아가 **담화의 일반 이론** 또는 기표의 일반 이론에 의한 정신분석의 **인식론적 정초**의 지점. 이와 관련해서 알튀세르는 꽤 말을 아꼈지만 그럼에도 불구하고 그것을 염원했다. 우리는 오히려 이데올로기에 대한 알튀세르의 모든 개념화와 분리될 수 없는 주체의 문제에 대한 성찰에서 멈추게 될 것인데, 주체의 문제는 알튀세르의 사상이 프로이트의 이론 및 이 이론의 라캉에 의한 반복과 맺는 독특한 관계를 또한 드러낸다.

우리는 이데올로기의 근본 메커니즘으로서 주체로의 호명 이론이 라캉의 상징적 질서 개념이 **문화의 법**의 개념 아래 재활성화되는 것에 의해 지배된다는 것을 강조했다. 그렇지만 라캉과 다르게, 알튀세르는 주체의 개념 자체에 전적으로 분리된 철학적 타당성을 부여할 준비가 되어 있는 것처럼 보이지 않는다. 이러한 갈라짐은 **나는 사유한다**라는 **데카르트**의 개념화에 대한 라캉과 알튀세르에게서의 거의 반대되는 수용 방식을 통해 놀랄만한 방식으로 이해된다.

라캉에게 있어서 주체의 데카르트적 개념화는 늘 타당한 패러다임, 즉 철학사 안에서의 단순한 한 계기를 정의하는 게 아니라 주체성의 (과학과 지식 욕망과의 관계에서) 근대적 주제화를 제공하는 주체의 이론을 개시하는데, 이러한 주체성은 심리학으로 환원불가능하다는 점에서 정신분석의 주체성이기도 하다. 데카르트의 **나는 사유한다**는 심리학적 주체도, 심오함의 주체도 정의하지 않는다. 그것은 실로 "지식"과의 "점적이고 사라지는 관계"[1]에 의해 구성되는 주체, 과학의 대립적인 상관물의 형상인 텅 빈 주체를 정의한다. 사실상 코기토는 불확실성이 최대치가 되는 바로 그 순간에 자신을 드러낸다. 따라서 그것은 심리학의 충만한 주체 전부 또는 의식 기능이 지배하는 자아를 특징짓지 않는다. 그것은 궁극적 회의doute hyperbolique 속에서 최초로 나타나는 포착불가능한 심급을, 사라지는 점을 특징짓는다. 데카르트 철학 안에서 개시된 주체의 근대적 개념은 과학의 주체의 자격에서 주체성에 대한 비非심리학적인 모든 주제화의 모델, 극복되지 않은 모델로 남아 있다. 따라서 그러한 주체 개념은 정신분석에 대해 여전히, 특히 우세하다. 무의식의 주체, 그것은 또한 과학의 주체이다. 우리는 심지어 라캉을 따라서 "프로이트의 절차가 데카르트적"이라고 단언할 수 있는데, 왜냐하면 그의 절차는 "확실성의 주체의 토대에서 출발"[2]하기 때문이다.

반대로 알튀세르에게서 데카르트 철학의 수용은 훨씬 더 비판적이며 더욱 전통적인 독해를, 즉 데카르트주의를 "의식 철학"의 구성에

---

1 J. Lacan, "La science et la vérité", *Écrits*, p. 858[「과학과 진리」, 『에크리』].
2 J. Lacan, *Les quatre concepts fondamentaux de la psychanalyse*, III, p. 43[『자크 라캉 세미나 11-정신분석의 네 가지 근본 개념』].

있어서 결정적인 계기로 삼는 것처럼 보이는 그런 독해를 끌어들인다. 알튀세르가 **진리의 주체**(또는 객관성의 주체)라는 데카르트적 개념을 실질적 **심리학**의 주체의 개념과 혼동하지 않는다고 할지라도, 그는 그 두 개념들 간의 관련성들을 확립한다. 따라서 심리학적 주체는 데카르트가 이해하는 바로서의 주체 ── 다시 말해 과학의 영역 안에서 자신의 절차들과 작용들에 대해 투명한 그런 진리의 주체 ── 의 이면으로서 "오류의 주체"와 관계될 수 있다.[3] 게다가 진리와 오류 간의 단절의 **실재적** 의미작용을 오인했을 수 있는 데카르트의 철학은 알튀세르에 의해 때때로 "주체의" 법률적 이데올로기의 출현에 상관적인 "부르주아 철학"의 질서에 다시 할당된다. 따라서 라캉이 주장하는 것과는 반대로, 데카르트적 개념화는 정신분석의 질서 자체 안에서 타당한 주체의 모든 개념화의 극복될 수 없는 ── 역사적으로 극복되지 못하고 한정지어지지 않는 ── 지평을 이루지 않는다. 여기서 또 한 번 알튀세르의 스피노자주의를, 즉 과학의 주체로서의 **데카르트적 주체에 대한 거부**를 전제하는 그의 스피노자주의의 중요성을 가늠할 수 있다. "대상"과의 결투의 관계 속에서 파악되는 과학의 주체 또는 인식의 주체에 대한 거부는 "인식 이론" 전부에 대한 전반적인 비판, 주체가 없는 과정으로

---

3 이 점에 관해서는 L. Althusser, *Psychanalyse et sciences humaines*, 2e Conférence, pp. 106~122[『정신분석과 인간 과학들』]을 참조하라.

서의 인식에 대한 정의 자체에 함축되어 있는 비판에 의해 호출된다.

(진리의 주체로서 정의된) 데카르트적 주체에 대한 알튀세르의 비판은 최종 분석에서, 라캉의 고유한 관점에 대해 대척점에 있는 것으로 드러난다. 그 결과 알튀세르에게 **주체 이론**의 구성이라는 프로그램 자체 ——설사 이것이 자아론적이지도 심리학적이지도 않을지라도—— 가 애매성을 지니고 있다는 확증이 강화된다. 한편으로, 우리가 강조했듯이 주체성에 대한 질문은 전혀 간과되지 않고 있으며, 반대로 주체성에 대한 그 질문은, 이데올로기가 단순한 반사성의 모델에서 벗어나 있으며 그 법칙들이 무의식 안에서 작동하는 인과성에 부합될 수 있다는 점에서, 이데올로기 이론의 구성의 프로그램을 크게 지배하고 있다. 그렇지만 다른 한편으로, 주체의 범주는 의식 철학의 영역에 속하는 것처럼 보이는데, 이 의식 철학은 알튀세르의 "단호한 반-데카르트주의"에 의해 개념의 철학이라고 명명되는 그런 철학의 이론적인 적대자로 남아 있다. 이러한 애매성은 우리가 알튀세르적 **주체**의 수수께끼라고 명명할 수 있는 것 안으로까지 다시 이어지는바, 알튀세르적 주체는 때로는 상징적 주체로서, 즉 라캉의 범주들 속에서의 무의식의 주체로서 이해되어 나타나고, 때로는 상상적 자아로서, 즉 의식의 오인들과 환영들이 "근대적 인간의 '그것은 나다'"의 특징적 소외를 완전히 감싸는 자아, "과학 문명의 주체"[4]이기도 한 그런 자아로서 이해되어 나타난다.

확실히 여기서 다음과 같은 점을 명확히 해야 한다. 알튀세르를 라캉과 연결하는 놀라운 지적 근접성은 여러 상이한 방식으로 굴절된다. 그것은 우리가 주목했듯이 거의 충성의 관계를 내보이기도 하고("우리는 그에게 중요한 것을 빚지고 있다"), 때로는 반대로 포착의 전략("라캉을 번역하기") 및 ──예를 들어 과학성을 향한 정신분석의 요청 속에서, 이를테면 정신분석 그 자체의 토대를 만드는 이데올로기 이론의 계획 속에서 기능하는── 더 광범위한 장치 안으로의 통합의 전략을 내보이기도 한다. 뿐만 아니라 그러한 근접성은 분명한 한계들을 포함하는데, 왜냐하면 만일 알튀세르가 라캉 연구의 중요성을 매우 일찍, 매우 뛰어난 통찰력과 함께 알아본다면, 라캉으로 말하자면, 그는 맑스로의 회귀라는 알튀세르의 프로그램에 대해, 그리고 맑시즘을 동반한 정신분석의 관점 정립에 대해 극히 제한되고 한정된 관심만을 부여했기 때문이다. 게다가 알튀세르 자신도 1970년대에 행해진 자기비판의 전회와, "이론주의적"théoriciste이라고 판단되는 **인식론적 단절**[5] 개념이라는 앞선 자신의 이해에 대한 거부 이후에, 라캉을 참조하는 태도로부터 상당히 멀어진다. 그는 결국 정신분석에 과학의 위상을 수여

---

4 J. Lacan, "Fonction et champ de la parole et du langage en psychanalyse", *Écrits*, p. 281 『정신분석에서의 말과 언어의 기능과 장』, 『에크리』].

5 이 주제에 관해서는 L. Althusser, *Éléments d'autocritique*, 2, pp. 41~53 『자기비판의 요소들』]를 참조하라.

하려는 라캉의 시도를 실패라고 평가하기에 이른다. 라캉은 "정신분석의 철학"을 주조하는 것이 더 나았을 것이다. 하지만 그는 프로이트의 저작에서 출발해서 무의식의 이론을 구성한다는 계획에서 실패했다.[6] 그렇지만 그러한 실패의 확인, 라캉의 연구와 관련된 그러한 환멸은 알튀세르에게서 『자본론』 및 역사 유물론의 과학적 위상의 잠재적인 철학에 대한 그 자신의 연구를 다시금 의문시하는 일과 일치하는 것으로 동시에 나타난다. 특히 그것은 「자신의 한계들 안에서의 맑스」라는 제목이 붙은 1978년의 논문에서 감지될 수 있다.

따라서 알튀세르의 저작 안에서조차 한편으로는 **주체** 일반의 철학적 개념에 대한 명시적 비판——기원과 끝의 이상주의적 개념들에 대한 비판과 연합되어 있으며, **주체 없는** 과정의 개념화에 내재해 있는 비판——과, 다른 한편으로 모든 사회 형태 안에서 기능하는 이데올로기적 차원의 독창적인 주제화 사이에서 제거되지 않은 어떤 긴장이 존재하는 것처럼 보인다. 그런데 그러한 주제화는 오로지 어떤 틀 안에

---

6 이 점에 관해서는 J. Lacan, "La découverte du Docteur Freud" [1976], *Écrits sur la psychanalyse*, pp. 195~219[「프로이트 박사의 발견」, 『정신분석에 대한 글들』]를 참조하라.

7 L. Althusser, "Marx dans ses limites" [1978], *Écrits philosophiques et politiques*, I, Paris: Stock/IMEC, 1994, pp. 359~524[「자신의 한계들 안에서의 맑스」, 『철학적, 정치적 글들』].

서만, 즉 주체에 대한 그러한 질문의 무조건적 축출의 틀이 아니라, 주체의 재공식화와 새로운 문제설정의 틀 안에서만 진정으로 이해될 수 있다. 따라서 한편으로 알튀세르는 라캉처럼 고전 철학의 주체 ── 데카르트적 주체 ──를 다시 붙잡는 것을 결코 자신의 일로 만들지 않는다. 한층 더 근본적으로 주체의 범주는 『존 루이스에 대한 답변』[8]의 공식을 따르자면, 그에게 있어서 부르주아 철학의 "제1의 철학적 범주"처럼 나타난다. 이와 관련해서, 라캉의 관점에서 근본적인 개념들, 과학의 주체와 무의식의 주체의 개념들이 알튀세르에게서는 철학적으로 불투명한, 나아가 받아들일 수 없는 범주들로 남아 있다는 점을 강조해야 한다. 『담화 이론에 대한 세 개의 노트』의 첫 번째 노트에서 과학-의-주체 효과와 무의식-의-주체 효과라는 가설들이 인정되어 나타난다고 해도, 주체가 이데올로기적 담화의 효과로 결국 재인도되어 나타나는 한에서, 그 가설들은 즉시 무효화되고 그 점에 있어서 라캉과의 명백한 불일치를 야기한다.[9] 다른 한편으로, 이데올로기는 인간 실존의 필수적 요소를 구성하고, 이데올로기적 장치의 특징적 효과로서 고려된 주체의 조건도 동일한 필연성에 속한다. 일반적으로 에티엔 발

---

8 L. Althusser, *Réponse à John Lewis*, p. 71[『존 루이스에 대한 답변』].

9 L. Althusser, Lettre d'envoi, datée du 28 octobre 1966, pour les "Trois notes sur la théorie des discours", *Écrtis sur la psychanalyse*, p. 117[「담화 이론에 대한 세 개의 노트」, 『정신분석에 대한 글들』].

리바르가 지적하듯이, 구조주의적 운동을 단순한 주체의 자격 박탈처럼 읽는 전통적 독해는 부적합하다. 라캉, 마지막 시기의 푸코, **알튀세르 자신**과 같은 이른바 "구조주의적" 철학자들이나 이론가들은 **주체**의 자격을 박탈하기를 시도한 것과는 거리가 멀고, 그들은 오히려 주체를 사유하기를 시도했다. 더 정확히, 그들은 "고전 철학에 의해 토대의 위치에 설치된 맹목적 과제"를 해명하려고, "다시 말해 주체를 **구성적** 기능에서 **구성된** 위치로 이동시키려고"[10] 시도했다.

따라서 주체의 질문과 관련된 알튀세르의 저작에 내재하는 어려움에 대한 분석은, 라캉적 개념화와의 조우의 지점들에 대한 검토뿐만 아니라, 또한 마찬가지로 라캉적 개념화와의 갈라짐들에 대한 검토를 통과하면서 이루어졌다. 우리는 그러한 관점 속에서, 이데올로기 이론의 독특성을 ─수수께끼의 특성처럼─ 강조하고자 했던바, 이데올로기 이론은 동시에 주체의 **구성**의 이론이기도 하다. 알튀세르가 열어 놓은 특별한 관점 속에서, 이데올로기 이론의 미완성적 특성은 아마도 존재나 주체되기에 대한 알튀세르 고유의 개념화에 내재하는 긴장들과 분리될 수 없다. 그러나 그러한 미완성은 그의 프로그램 자체를 무

---

10 É. Balibar, "L'objet d'Althusser", Sylvain Lazarus(dir.), *Politique et philosophie dans l'oeuvre de Louis Althusser*, p. 98[「알튀세르의 대상」, 『루이 알튀세르의 저작 안에서의 정치와 철학』].

효로 만들지 않는다. 정반대로 그러한 미완성은, 최근의 수많은 연구들이 증언하고 있듯이, "주체로의 호명"의 문제점을 둘러싼 계속된 반성을 촉발할 수 있다.

참고문헌

루이 알튀세르의 저작들

Montesquieu, la politique et l'histoire, Paris: PUF, 1959.[『몽테스키외, 정치와 역사』]

Pour Marx [Paris: François Maspero, 1965], Paris: La Découverte, avant-propos d' Étienne Balibar, 2005.[『마르크스를 위하여』]

Lire le Capital, avec Étienne Balibar, Roger Establet, Pierre Macherey, Jacques Rancière [Paris: François Maspero, 1965], Paris: PUF, Quadrige, 1996.[『자본론을 읽는다』]

Lénine et la philosophie, Paris: Fraçois Maspero, 1969.[『레닌과 철학』]

Réponse à John Lewis, Paris: Fraçois Maspero, 1973.[『존 루이스에 대한 답변』]

Éléments d'autocritique, Paris: Hachette Littératures, 1974.[『자기비판의 요소들』]

Philosophie et philosophie spontanée des savants, 1967, Paris: Fraçois Maspero, 1974.[『철학과 지식인들의 자생적 철학』]

Positions, Paris: Éd. Sociales, 1976. [『입장들』]

L'avenir dure longtemps, suivi de *Les faits*, édition établie et présetnée par Olivier Corpet et Yann Moulier Boutang, Paris: Stock/IMEC, 1992.[『미래는 오래 지속된다』]

Écrits sur la psychanalyse, Freud et Lacan, textes réunis et présentés par Olivier Corpet et François Matheron, Paris: Stock/IMEC, 1993.[『정신분석에 대한 글들, 프로이트와 라캉』]

Sur la philosophie, Paris: Gallimard, 1994.[『철학에 대하여』]

Écrits philosophiques et politiques I, textes réunis et présentés par Fraçois Matheron, Paris: Stock/IMEC, 1994.[『철학적, 정치적 글들 I』]

Écrits philosophiques et politiques II, textes réunis et présentés par Fraçois Matheron, Paris: Stock/IMEC, 1995.[『철학적, 정치적 글들 II』]

Sur la reproduction, texte édité et présenté par Jacques Bidet, Paris: PUF, 1995. [『재생산에 대하여』]

Psychanalyse et sciences humaines. Deux conférences (1963-1964), édition établie et présentée par Olivier Corpet et François Matheron, Paris: Le Livre de poche, Librairie générale française/IMEC, 1996. [『정신분석과 인간 과학들』]

Lettres à Franca (1961-1973), édition établie, annotée et présentée par Fraçois Mtheron et Yann Moulier Boutang, Paris: Stock/IMEC, 1998.[『프랑카에게 보내는 편지들』]

Solitude de Machiavel et autres textes, édition établie, annotée et présentée par Yves Sintomer, Paris: PUF, 1998.[『마키아벨리의 고독, 다른 글들』]

다른 저작들

Balibar Étienne, *Écrits pour Althusser*, Paris: La Découverte, 1991.[에티엔 발리바르,『알튀세르를 위한 글들』]

_____, *La philosophie de Marx*, Paris: La Découverte, Repères, 1993.[『맑스의 철학』]

Bourdin Jean-Claude (dir.), *Althusser : une lecture de Marx*, Paris: PUF, 2008. [장-클로드 부르댕,『알튀세르 : 맑스에 대한 하나의 독해』]

Butler Judith, *La vie psychique du pouvoir. L'assujettissement en théories* [*The psychic Life of Power. Theories in Subjection*, Stanford, California, Stanford University Press, 1977], trqduit de l'américain par Brice Mathieussent, Paris: Éd. Léo Scheer, 2002.[주디스 버틀러,『권력의 심적 삶』]

Canguilhem Georges, *Études d'histoire et de philosophie des sciences* [1968],

Paris: Vrin, 1994.[조르주 캉길렘, 『역사와 과학철학 연구』]

Cassou-Noguès Pierre, "Coupure ou problème épistémologique: Althusser et Desanti", D. Pradelle (dir.), *Penser avec Desanti*, Paris: TER, 2009.[피에르 카수-노게스, 「인식론적 단절 또는 문제: 알튀세르와 드장티」, 『드장티와 함께 사유하기』]

Cavaillès Jean, *Sur la logique et la théorie de la science* [1947], *Œuvres complètes de philosophie des sciences*, Paris: Hermann, 1994.[장 카바이에스, 『과학의 논리와 이론에 대하여』]

Descartes, *Œuvres*, édition de Charles Adam et Paul Tannery, 11 volumes, Paris: Vrin, 1996.[데카르트, 『전집』]

Feuerbach Ludwig, *Manifestes philosophiques. Textes choisis 1839-1845*, traduction et présentation de L. Althusser, Paris: PUF, 1960.[루드비히 포이어바흐, 『철학적 선언들』]

_____, *L'essence du christianisme*, traduit de l'allemand par Jean-Pierre Osier, Paris: Fraçois Maspero, Théorie, 1968.[『기독교의 본질』]

Freud Sigmund, *Essais de psychanalyse*, traduits de l'allemand, sous la responsabilité d'André Bourguignon, par J. Althounian, A. Bourguignon, O. Bourguignon, A. Cherki, P. Cotet, J. Laplanche, J.-B. Pontalis, A. Rauzy, Paris: Éd. Payot, 1981.[지그문트 프로이트, 『정신분석 에세이』]

_____, *Le mot d'esprit et sa relation avec l'inconscient*, traduit de l'allemand par Denis Messier, Préface de Jean-Claude Lavie, Paris: Gallimard, 1988, réed. Folio Essais, 1992.[『농담과 무의식의 관계』]

_____, *L'interprétation des rêves [Die Traumdeutung]*, traduit en français par J. Meyerson, nouvelle édition augmentée et entièrement revisitée par Denise Berger, Paris: PUF, 1967.[『꿈의 해석』]

_____, *Métapsychologie*, traduit de l'allemand par Jean Laplanche et J.-B. Pontalis, "L'inconscient", Paris: Gallimard, 1968, réed. Folio Essais, 1986.[『메타심리학』]

Gramsci Antonio, *Textes*, édition réalisée par André Tosel, traductions de Jean Bramont, Gilbert Moget, Armand Monjo, François Ricci et André Tosel,

Paris: Éd. Sociales, 1983.[안토니오 그람시, 『텍스트들』]

Jakobson Roman, *Essais de linguistique générale,* traduit de l'anglais et préfacé par Nicolas Ruwet, Paris: Éd. de Minuit, 1963.[로만 야콥슨, 『일반 언어학 시론』]

Lacan Jacques, *Des Noms-du-Père* [1963], éd. de Jacques-Alain Miller, Paris: Le Seuil, 2005.[자크 라캉, 『아버지의 이름들』]

_____, *Écrits*, Paris: Le Seuil, 1966.[『에크리』]

_____, *Les quatre concepts fondamentaux de la psychanalyse* [1964], dans *Le Séminaire de Jacques Lacan,* livre XI, texte établi par Jacques-Alain Miller, Paris: Le Seuil, 1973 rééd. Le Seuil, Points, 1990.[『자크 라캉 세미나 11 – 정신분석의 네 가지 근본 개념』]

Laplanche Jean, Leclaire Serge, "L'inconscient : une étude psychanalytique", *Les Temps modernes,* n° 183, 1961 (juillet).[장 라플랑슈, 세르주 르클레르, 「무의식: 정신분석의 한 연구」]

_____, Pontalis J.-B., *Vocabulaire de la psychanalyse* [1967], Paris: PUF, Quadrige, 2002.[장 라플랑슈, J.-B. 퐁탈리스, 『정신분석 사전』]

Lazarus Sylvain (dir.), *Politique et philosophie dans l'œuvre de Louis Althusser,* Paris: PUF, Pratiques théoriques, 1993.[실뱅 라자뤼스, 『루이 알튀세르의 저작 안에서의 정치학과 철학』]

Lévi-Strauss Claude, *Anthropologie structurale* [1958], Paris: Pocket, Agora.[클로드 레비-스트로스, 『구조인류학』]

Macherey Pierre, *Histoire de dinosaure. Faire de la philosophie en France, 1965-1997,* Paris: PUF, 1999.[피에르 마슈레, 『공룡의 역사』]

_____, *Marx 1845. Les thèses sur Feuerbach,* traduction et commentaire, Paris: Éd. Amsterdam, 2008.[『맑스 1845, 포이어바흐에 대한 테제들』]

Marx Karl, *Œuvres, Économie, I,* préface par Fraçois Perroux, édition établie et annotée par Maximilien Rubel, Paris: Gallimard, Bibliothèque de la Pléiade, 1965.[칼 맑스, 『저작들, 경제학 I』]

_____, *Œuvres, Économie, II,* édition établie, présenté et annotée par Maximilien Rubel, Paris: Gallimard, Bibliothèque de la Pléiade, 1968.[『저작들, 경제학 II』]

_____, *Œuvres III, Philosophie*, édition établie, présenté et annotée par Maximilien Rubel, Paris: Gallimard, Bibliothèque de la Pléiade, 1982.[『저작들 III, 철학』]

_____, *Contribution à la critique de l'économie politique*, traduit de l'allemand par Maurice Husson et Gilbert badia, Paris: Éd. Sociales, 1957.[『정치경제학 비판 강요』]

Milner Jean-Claude, *L'œuvre claire : Lacan, la science, la philosophie*, Paris: Le Seuil, 1995.[장-클로드 밀너, 『밝은 작품: 라캉, 과학, 철학』]

Pascal, *Pensées*, textes établi par Louis Lafuma, Paris: Le Seuil, 1962.[파스칼, 『팡세』]

Politzer Georges, *Critique des fondements de la psychologie* [1928], Paris: PUF, 1974.[조르주 폴리처, 『심리학의 토대들에 대한 비판』]

Raymond Pierre (dir.), *Althusser philosophie*, Paris: PUF, 1997.[피에르 레이몽, 『알튀세르 철학』]

Rosset Clément, *En ce temps-là. Notes sur Louis Althusser*, Paris: Éd. de Minuit, 1992.[클레망 로세, 『그 시대에는, 루이 알튀세르에 대한 노트들』]

Roudinesco Élisabeth, *La bataille de cent ans. Histoire de la psychanalyse en France*, 2 vol., Paris: Le Seuil, 1986.[엘리자베스 루디네스코, 『백 년의 전투. 프랑스에서의 정신분석의 역사』]

_____, *Jacques Lacan. Esquisse d'une vie, histoire d'un système de pensée*, Paris: Fyard, 1993.[『자크 라캉: 라캉의 시대, 라캉과 정신분석의 재탄생』]

Spinoza, *Éthique*, trad. de Bernard Pautrat, Paris: Le Seuil, 1988.[스피노자, 『에티카』]

Žižek Slavoj, *Le sujet qui fâche. Le centre absent de l'ontologie politique* [*The Ticklish Subject. The Absent Center of Political Ontology*, Londres/New York, Éd. Verso, 1999], trad. de Stathis Kouvélakis, Paris: Flammarion, 2007.[슬라보예 지젝, 『까다로운 주체. 정치적 존재론의 부재하는 중심』]

찾아보기